Sonja Seifert

Klassenraum-
schmuck

W0174122

für das ganze Jahr

Viele tolle und preisgünstige Ideen für jedes Alter und jeden Geschmack

KOHL VERLAG
Lernen mit Erfolg
Der Verlag mit dem Baum

www.kohlverlag.de

Nutzen Sie unseren bequemen Onlineshop!

• Ausführliche Informationen
• Aussagekräftige Leseproben
• Schnäppchen & besondere Angebote

www.kohlverlag.de

Klassenraumschmuck
für das ganze Jahr

2. Auflage 2014

© Kohl-Verlag, Kerpen 2009
Alle Rechte vorbehalten!

Inhalt: Sonja Seifert
Grafik & Satz: Kohl-Verlag

(Bildautoren aller Illustrationen im Innenteil jeweils rechts oben: © Fleurine, slop, Reicher, lisa engelstädter, Gorilla, fotoskaz, BeTa-Artworks – alle Fotolia.com)

Druck: Medienzentrum Süd, Köln

Bestell-Nr. 11 199

ISBN: 978-3-86632-450-3

Das Werk und seine Teile sind urheberrechtlich geschützt. Jede Nutzung in anderen als den gesetzlich zugelassenen Fällen bedarf der vorherigen schriftlichen Einwilligung des Verlages. Hinweis zu § 52a UrhG: Weder das Werk noch seine Teile dürfen ohne eine solche Einwilligung eingescannt und in ein Netzwerk eingestellt werden. Dies gilt auch für Intranets von Schulen und sonstigen Bildungseinrichtungen.

Inhaltsverzeichnis

1 Winter

2 Fasching

3 Frühling

F =	für die Fenster
S =	an eine Schnur oder ans Netz hängen
R =	auf Regal oder Fensterbank stellen
T =	auf die Schülertische stellen
W =	an der Wand befestigen

Klassenraumschmuck für das ganze Jahr / Best.-Nr. 11 199

KOHL VERLAG
Der Verlag mit dem Baum
www.kohlverlag.de

Inhaltsverzeichnis

F =	fürs die Fenster
S =	an eine Schnur oder ans Netz hängen
R =	auf Regal oder Fensterbank stellen
T =	auf die Schülertische stellen
W =	an der Wand befestigen

Klassenraumschmuck für das ganze Jahr / Best.-Nr. 11 199

www.kohlverlag.de

Inhaltsverzeichnis

7 Nikolaus und Weihnachten

8 Sonstige Bastelideen

F =	fürs die Fenster
S =	an eine Schnur oder ans Netz hängen
R =	auf Regal oder Fensterbank stellen
T =	auf die Schülertische stellen
W =	an der Wand befestigen

Klassenraumschmuck für das ganze Jahr / Best.-Nr. 11 199

KOHL VERLAG
www.kohlverlag.de

Vorwort

Sehr geehrte Lehrerinnen und Lehrer,

ich arbeite seit 10 Jahren als Pädagogische Mitarbeiterin in einer Grundschule. Während meiner Arbeit habe ich immer wieder festgestellt, dass es manchen Lehrpersonen an einfachen Ideen für die Dekoration ihres Klassenraumes fehlt.

Ich arbeite hauptsächlich in der Betreuung und ich bastele sehr gerne und viel mit meiner Gruppe. Dabei entwickeln sich immer wieder neue Ideen, wie man dem Klassenzimmer ohne viel Kosten und Arbeit ein anderes Aussehen verleihen kann.
Außerdem fühlen sich die Schüler in einem mit ihren Arbeiten geschmückten Raum viel wohler und das Lernen macht noch mehr Freude.

Fensterdeko ist ein wichtiger Bestandteil. Der äußere Eindruck einer Schule, gerade einer Grundschule, gewinnt natürlich, wenn die Fenster schön gestaltet sind. Außerdem wirken viele Bastelarbeiten erst richtig durch den Einfall des Lichtes von draußen.

Natürlich kann man auch die Wände immer wieder mit neuen Bildern und Basteleien schmücken. Praktisch ist da eine große Korkpinnwand – so nehmen Anstrich oder Tapete keinen Schaden. Aber auch lange Holz- oder Magnetleisten sind prima.

In vielen Klassenräumen gibt es auch niedrige Schränke und Regale, die mit Dingen zum Aufstellen dekoriert werden können. Dabei können ebenfalls die Fensterbänke mit einbezogen werden.

In unseren Klassen haben wir aus fester Schnur ein Kreuz von Ecke zu Ecke gespannt. Daran kann man wunderbar Basteleien frei im Raum aufhängen. Um mehr Farbe ins Geschehen zu bringen, hängen wir immer Servietten in den Farben der jeweiligen Jahreszeit diagonal über die Leine. Damit diese nicht vom Luftzug runtergeweht werden, tackere ich Vorder- und Rückseite knapp unterhalb der Schnur zusammen.
Toll sieht es ebenso aus, wenn man Baumschutznetze locker an der Decke befestigen kann, zum Beispiel an Haken einhängen.

Kleinere selbstgefertigte Bastelarbeiten kann man auch prima an einen verzweigten Ast hängen, der an der Zimmerdecke befestigt wird.

Eine schöne Idee ist auch der Jahresring, an den im Laufe des Jahres kleinere Arbeiten der Schüler an die entsprechenden Stellen am Reifen gehängt werden, z.B. kleine Igelchen im Herbst, im Winter Schneemänner oder Sterne in der Weihnachtszeit…

Unter Sonstiges habe ich unter anderem auch einige praktische Ideen für den Schulalltag vorgestellt, die zudem noch dekorativ sind.

Ich hoffe, ich kann Ihnen mit meinem Buch eine kleine Hilfestellung geben und wünsche Ihnen nun viel Spaß beim Basteln.

Ihre **Sonja Seifert**

Klassenraumschmuck für das ganze Jahr / Best.-Nr. 11 199 www.kohlverlag.de

Deko-Ideen

Thema Winter

Im Winter spielen oft die Farben Weiß und Blau eine große Rolle. Hier ist zum Beispiel ein blaues Baumnetz toll (kann auch gut im Sommer eingesetzt werden).
Hat man ein Schnurkreuz gespannt, kann man es mit Servietten in Weiß und verschiedenen Blautönen dekorieren.

Die gezeigten Basteleien kann man mit geringem Aufwand noch mehr zu Geltung kommen lassen. Zwischen den frei hängenden Arbeiten können etwa weiße Schneeflocken angebracht werden. Einige Styropor-Verpackungsflocken oder Wattebällchen auf ein Band auffädeln, schon ist eine Schneeflockenkette fertig.

Styroporflocken und Watte auf blauen Tüchern sehen auch zwischen den Basteleien auf den Regalen, z.B. den Eskimos, hübsch aus.

Die Fensterdekoration kann ebenfalls mit Watte oder Schneeflöckchen ergänzt werden. Auch Flocken mit Kartoffelstempeln auf den Scheiben aufgedruckt sind eine tolle Ergänzung zu den Bastelarbeiten. Oder es werden Eiszapfenreihen aus weißem Papier ausgeschnitten und an den oberen Fensterrahmen angeklebt. Oder man arbeitet die Eiszapfenreihen doppelt und hängt sie über die gespannte Schnur.

Es gibt noch viele Ideen, mit denen man den Klassenraum winterlich schmücken kann. Halten Sie Ihre Augen offen, holen Sie sich Anregungen aus der Umwelt und beziehen Sie die Kinder mit ein. Diese haben oft viel mehr Fantasie als die Erwachsenen und viele tolle Ideen.

Thema Fasching

Fasching ist eine sehr bunte Jahreszeit. Egal, welches Netz angebracht ist oder ob Servietten in vielen Farben aufgehängt werden, das Motto lautet: je bunter, je besser!

Die vorgeschlagenen Bastelideen können überall angebracht werden. Selbstgefertigte Girlanden werden kreuz und quer im Klassenraum befestigt. Zwischen den selbst-gestalteten Arbeiten bringen z.B. Luftschlangen und Luftballons Bewegung und noch mehr Farbe ins Spiel.

Bunte Tücher auf den Regalen zaubern eine tolle Atmosphäre, die mit Glasbehältern ergänzt werden kann, die mit Konfetti oder Luftschlangen gefüllt sind.

Werden Basteleien am Fenster dekoriert, so kann man mit Fingerfarbe bunte Punkte als Konfetti oder Schlangenlinien als Luftschlangen dazwischen malen.

Klassenraumschmuck für das ganze Jahr / Best.-Nr. 11 199

www.kohlverlag.de

Deko-Ideen

Thema Frühling

Für den Frühling sollte man zu einem grünen Baumnetz greifen, da es an die aufkeimende Natur erinnert. Die Servietten wären in den Farben Hellgrün, Gelb, Rosa, Flieder und anderen Pastelltönen passend zu den frischen Blüten und jungem Blattwerk in dieser Jahreszeit.

All die selbstgestalteten Blumen und Insekten können die Klassendecke in eine wunderschöne Frühlingswiese verwandeln. Streifen aus hellgrünem Krepppapier, zwischen den Blüten ins Netz gehängt, deuten auf einfache Art das Gras der Wiese an. Papierblumen, an Nähgarn zu Ketten aufgefädelt, ergänzen die aufgehängten und aufgestellten Bastelarbeiten.

Kleine bunte Vögel können gebastelt und prima mit einbezogen werden. Weiße Wolken, aus Pappe ausgeschnitten und eventuell mit Watte flauschig beklebt, ergänzen mit strahlenden Sonnen den Frühlingshimmel.

Hellgrüne und gelbe Organzastoffbahnen oder zart geblümte Tücher werden zwischen Schalen und Töpfen dekoriert und tragen zu einem schönen Aussehen des Raumes bei. Die Gefäße werden mit Moos gefüllt und mit Blüten oder Insekten wie Schmetterlingen verschönert. Tontöpfe bunt anmalen und auch mit Moos befüllen. Anschließend selbstgefertigte Blumenstecker oder z.B. unsere Blume aus Tortenspitze hineinstecken.

Thema Ostern

Das grüne Netz kann zu Ostern bleiben, denn Grün und Gelb sind typische Osterfarben. Deshalb sind auch Servietten in diesen Farben passend, ebenso welche in Weiß.

Die in diesem Buch gezeigten Bastelarbeiten können noch durch Ostereier ergänzt werden. Entweder beklebt man ausgepustete Eier oder malt sie bunt an. Es können auch Papiereier aufgehängt werden – es gibt viele Möglichkeiten, diese zu gestalten.
Auch die typischen Blumen wie die Osterglocken geben dem Gesamtbild einen österlichen Charakter.

Egal für welche Fensterdeko man sich entscheidet, auch hier können Eiformen, mit Kartoffeldruck angebracht, die freien Stellen zwischen den Bastelarbeiten füllen.

Auf die Regale oder Tische könnte man Eierschalen in einen bunt bemalten Pappring stellen, mit Wasser füllen und kleine Blümchen hineinstellen – eine süße Blumenvase.

Auch mit Moos gefüllte Schalen oder Osternester, mit bunt gefärbten Eiern gefüllt, sind ein toller Blickfang.

Klassenraumschmuck für das ganze Jahr / Best.-Nr. 11 199

KOHL VERLAG
www.kohlverlag.de

Deko-Ideen

Thema Sommer

Im Sommer entscheiden wir uns für Servietten in Blau wie das Meer, Weiß wie die Wolken und Rot als Kontrastfarbe. Soll ein Netz den Klassenraum schmücken, so nehmen wir das blaue Baumnetz – es erinnert uns an den Ozean.

Alle Gestaltungsvorschläge des Sommers können miteinander dekoriert werden.
Hell- und Dunkelblaue Krepppapierstreifen, die ins Netz gehängt werden, verdichten die Meeresoberfläche und bringen Bewegung zwischen die Meeresbewohner.
Auch Muscheln, auf Band aufgefädelt, sind eine prima Dekoidee und können zwischen die Servietten oder ans Netz geknotet werden.

Das Unterwasserwelt-Fensterbild kann gut mit Wellen und Luftblasen aus Fingerfarbe in Blautönen ergänzt werden.

Auf die Fensterbank oder Regale können Schalen mit Vogelsand gestellt werden, die man z.B. mit blauen Glasnuggets, Muscheln und anderem Strandgut verzieren kann.

Thema Herbst

Das grüne Netz passt wiederum gut zum Thema Herbst. Die Servietten sollten in den Farben Gelb, Orange und Dunkelgrün gewählt werden.

Die verschiedenen Herbstbasteleien können mit Ketten aus getrockneten Blättern, Kastanien, Hagebutten und anderen Herbstfrüchten ergänzt werden.
Auch selbstgestaltete Drachen sind ein prima Herbstmotiv.

Für die Fensterdekoration gibt es ebenfalls viele Möglichkeiten: Laub kann angeklebt oder mit Farbe gedruckt werden.

Auch die Regale können geschmückt werden, indem man farblich passende Tücher auslegt und diese mit verschiedenen Herbstfrüchten wie Kastanien, Hagebutten, Baumrinde usw. verziert. Auch Pilze aus Holz oder anderen Materialien sind eine tolle Ergänzung.

Möchte man bunte Blätter für die Fensterdeko anfertigen, muss man kleine Transparentpapierstückchen mit Tapetenkleister dicht an dicht auf Klarsichthüllen kleben, trocknen lassen, abziehen und in Blattform schneiden.

Im Herbst gibt es natürlich auch noch Halloween, das mit Gespenstern, Vampiren & Co aufwartet; aber dies wird an den Schulen oft nicht groß thematisiert.

Klassenraumschmuck für das ganze Jahr / Best.-Nr. 11 199

KOHL VERLAG
Der Verlag mit dem Baum
www.kohlverlag.de

Deko-Ideen

Thema Weihnachten

Dunkelgrün und Rot sind die Weihnachtsfarben. Darum ist auch hier das grüne Netz perfekt. Sollen Servietten an den Schnüren angebracht werden, so entscheiden wir uns für die gleichen Farben.
Zwischen die Nikoläuse und Engel können Sterne aus verschiedenen Materialien sowie Kugeln und Lebkuchenmännchen, die ebenso selbstgefertigt werden, gehängt werden.

Vasen mit Tannenzweigen laden zum Schmücken ein und geben dem Klassenraum einen weihnachtlichen Duft, der von aufgestellten Gefäßen, die mit getrockneten Orangenschalen und Nelken gefüllt sind, ergänzt wird.

Ein Adventskranz und die bunten Windlichter aus dem Weihnachtskapitel sorgen am Morgen für eine besinnliche Stimmung im Raum.

Und auch der selbst gebastelte Adventskalender hilft den Schülern, die Zeit bis zum Weihnachtsfest spannender zu erleben.

Thema Sonstiges

Zum Thema Sonstiges gibt es nur zu sagen, dass die hier beschriebenen Dinge nicht nur einen dekorativen, sondern auch einen praktischen Nutzen haben.
Sie sind Jahreszeiten unabhängig und können jederzeit ersetzt werden.

Oft gehören sie aber auch einfach zum Klassenalltag dazu und verschönern den Raum nebenbei.

Klassenraumschmuck für das ganze Jahr / Best.-Nr. 11 199

KOHL VERLAG
Der Verlag mit dem Baum
www.kohlverlag.de

Gleich und doch unterschiedlich – welcher Schneemann passt besser?

Material

Material beide:

- weißes Papier DIN A4
- Laminierfolie oder Prospekthülle
- schwarzer dünner Edding
- Tonkarton in Schwarz, Orange
- Bleistift, Schere, Kleber

Papierschneemann:

- weißes Transparent-papier
- angerührter Tapeten-kleister oder Klebestift

Farbschneemann:

- weiße Farbe
- Korken
- Pinsel

Arbeitsablauf:

Zuerst die Grundform auf weißes Papier malen und dieses unter die laminierte Folie bzw. Prospekthülle legen. Dann ziehen wir die Form auf der Folie mit dem Edding nach.

Beim Farbschneemann den Korken mit weißer Farbe bestreichen und die Grundform mit Punkten ausdrucken. Trocknen lassen.

Für den Papierschneemann reißen wir das Transparentpapier in kleine Stückchen und kleben damit die Grundform auf der Folie aus. Bitte darauf achten, dass alle Schnipsel gut festgeleimt sind. Evtl. am Ende noch eine Schicht Kleister drüberstreichen. Trocknen lassen.

Mit Hilfe der Schablonen Hut, Handschuhe und Gesicht anfertigen und aufkleben. Der Hut wird doppelt gearbeitet, die restlichen Teile bei Bedarf auch.

Tipp:

Beim Farbschneemann zieht sich die Farbe zusammen, ist also nicht so dicht wie auf Papier. Deshalb ruhig sehr eng nebeneinander stempeln.

Falls die Schneemänner wellig sind, bitte über Nacht mit dicken Büchern beschweren.

Klassenraumschmuck für das ganze Jahr / Best.-Nr. 11 199

KOHL VERLAG
Der Verlag mit dem Baum
www.kohlverlag.de

Wir werden immer größer...
Pinguin und Schneemann

Winter

In den ersten Tagen „wachsen" unsere beiden Freunde ein Stück, denn die eingeschnittenen Körper dehnen sich durch das Hängen etwas aus.

Material

- Tonkarton in Weiß und Schwarz
- Tonpapier, schwarz, blau, rot, orange, braun und gemustert
- schwarzer Filzstift
- rote Tafelkreide
- Bleistift, Schere, Kleber

Arbeitsablauf:

Köpfe und weißen Pinguinbauch aus Karton, restliche Teile aus Papier anfertigen.

Pinguin: Zuerst den Körper auf Tonpapier aufzeichnen und ausschneiden. Dann in der Mitte längs falten und abwechselnd von links und rechts mit einen Abstand von ca. 2 cm einschneiden (siehe Zeichnung). Immer Seitenrand von ca. 2 cm stehen lassen! Anschließend den Kopf oben an den Körper kleben. Das weiße Bauchteil nur an der oberen Kante am Körper befestigen. Weißes Gesicht aufkleben und mit Augen und Schnabel verzieren. Schal und Stiefel 2x doppelt ausschneiden und von vorn und hinten am Pinguin anbringen. Die Mütze ebenfalls doppelt arbeiten. Den im Vorderteil markierten Schlitz einschneiden und den Kopf dort einstecken und festkleben. Das zweite Mützenteil von hinten am Kopf anbringen. Konturen der Mütze mit schwarzem Filzstift aufmalen.

Schneemann: Wie den Pinguin arbeiten, jedoch 2 Äste als Arme ankleben und Knöpfe auf den Bauch malen.

Klassenraumschmuck für das ganze Jahr / Best.-Nr. 11 199

Tipp:

Das Papier für den Bauch darf nicht zu fest oder zu dünn sein! Dünnes Papier leiert zu stark aus, reißt sogar eventuell. Zu fester Karton lässt die Figuren nicht wachsen.

KOHL VERLAG

Winter

Frei hängend zeigt uns der niedliche Schneemann ein lustiges Tänzchen.

Material

- Tonpapier in Weiß, Gelb, Rot, Blau und gemustert
- weißes Satinband, 0,5 cm breit
- weißer Pfeifenputzer
- schwarzer Filzstift
- rote Kreide oder Buntstift
- Bleistift, Schere, Kleber

Arbeitsablauf:

Zuerst fertigen wir alle Teile mit Hilfe der Schablonen an. Formen, die wir zweifach benötigen, zeichnen wir auf doppelt gelegtes Papier und schneiden sie auch so aus, damit die Teile auch genau zusammen passen.

Auf das eine Kopfteil malen wir mit dem Filzstift ein Gesicht und kleben die rote Papiernase auf. Für die Wangen machen wir mit der Kreide Punkte auf das Papier und verreiben diese mit dem Finger.

Anschließend schneiden wir einen Schlitz in das vordere Hutteil (gekennzeichnete Linie) und stecken den Kopf mit dem Gesicht mit der oberen Kante hinein. Das Kopfrückenteil von hinten gegenkleben, wobei wir ein ca. 8 cm langes Stück Satinband für den Hals zwischenfassen. Konturenlinien mit dem Filzstift auf den Hut malen.

Die beiden Körperkreise zusammenfügen. Dabei seitlich 2 Pfeifenputzer für die Arme (15 cm), unten 2 Satinbänder für die Beine (15 cm) und oben den Hals mit einkleben.

Handschuhe und Schuhe 4-fach arbeiten und an den Armpfeifenputzern bzw. den Beinbändern befestigen.

Aus dem gemusterten Papier das Halstuch ebenfalls doppelt anfertigen und an beiden Körperseiten anbringen. Knöpfe und Schuhschleifen mit Filzstift aufzeichnen.

> **Tipp:**
>
> Man kann auch echte Knöpfe auf den Schneemannbauch kleben oder das Tuch durch einen Stoffschal ersetzen.

Klassenraumschmuck für das ganze Jahr / Best.-Nr. 11 199

KOHL VERLAG
Der Verlag mit dem Baum
www.kohlverlag.de

Eine Bastelarbeit, die etwas Zeit fordert, aber im Fenster wie auch an der Schnur oder dem Jahresring toll aussieht.

Material
• Eisstiele oder A-Sager
• Hellblaue Farbe und Pinsel
• Tonpapier in verschiedenen Farben
• Bleistift, Schere, Flüssigkleber
• Watte
• Vogelfutter

Arbeitsablauf:

Am ersten Tag werden jeweils 5 Holzspatel zusammengeklebt und zum Trocknen gelegt. Anschließend malt man das Häuschen mit der Farbe von beiden Seiten an und hängt das Bauwerk zum Trocknen auf, z.B. an einem Faden, den man durch den oberen Hausteil zieht und verknotet. Ist die Farbe trocken, klebt man auf den oberen Dachteil etwas Watte als Schneehaube fest. Auf den Boden von Haus und Ständer ebenfalls etwas Kleber geben und mit Vogelfutter bestreuen. Trocknen lassen und später das lose Futter abschütteln.
Die Vögel werden aus Papierstreifen gearbeitet - Körper 1,5 x 8 cm, Kopf 1 x 6 cm. Die Enden jeweils mit Kleber einstreichen und zusammendrücken. Nach dem Trocknen den Schnabel und den Schwanz in Form schneiden und den Kopf auf den Körper kleben. Die Beine ebenfalls aus einem Stückchen Tonpapier (1 x 4 cm) zurechtschneiden, jeweils bei 1,5 cm von den Enden entfernt falten und den Körper quer auf dem Mittelteil befestigen. Später die Vögel mit den Beinen an den Holzspateln festkleben.

Tipp:
Falls die Klebestellen nicht gut halten, kann man diese zum Trocknen mit Wäscheklammern fixieren.
Kleine Federn können als Flügel oder Schwänzchen angebracht werden.
Soll das Häuschen aufgestellt werden, kann man das Standhölzchen in Salzteig oder Knete stellen.

Klassenraumschmuck für das ganze Jahr / Best.-Nr. 11 199

 KOHL VERLAG
Der Verlag mit dem Baum
www.kohlverlag.de

Es sieht toll aus, wenn die Kids in Gruppen an den gesamten Fenstern ihre Schneemänner anbringen – jeder wird anders aussehen!

Material
• buntes Tonpapier
• Tapetenkleister
• Watte
• weißer Wachsmalstift
• Bleistift, Schere, Kleber

Arbeitsablauf:

Zuerst werden die benötigten Teile auf das Papier aufgemalt und ausgeschnitten.
Mit einem weißen Wachsmalstift den Körperumriss auf die Fensterscheibe malen. Anschließend den Hut mit Hutband verzieren und dann mit dem Schal und den Knöpfen mit Kleister an die richtigen Stellen auf das Glas kleben.
Das Gesicht mit Augen, Möhrennase und Kohlemund ebenfalls anbringen.
Aus der Watte kleine Kugeln herstellen und mittels des Kleisters in die Freiräume des Schneemannkörpers kleben. Je dichter die Wattebäuschchen sitzen, desto schöner sieht unser Schneemann aus.

Tipp:

Die Schneemänner können noch weiter dekoriert werden, zum Beispiel kann man ihnen einen Besen aus Papier in die Hand geben oder einen Papiertopf anstatt des Hutes aufsetzen.
Bitte nur Tapetenkleister zum Kleben benutzen.

Klassenraumschmuck für das ganze Jahr / Best.-Nr. 11 199

KOHL VERLAG
Der Verlag mit dem Baum
www.kohlverlag.de

Winter

Dieser kleine Geselle sieht niedlich aus, egal, ob er an eine Schnur gehängt oder auf einer Eisscholle aufgestellt wird. Dann wirkt ein blaues Tuch als Meer auf dem Regal besonders gut.

Material
• Tonkarton in Blau
• Tonpapier in Weiß, Hautfarbe, Schwarz
• Filzstift in Rot und Schwarz
• Filz- oder Buntstifte
• rote Tafelkreide
• Styroporrest
• Messer
• Bleistift, Schere, Kleber

Arbeitsablauf:

Den Körper auf den blauen Karton, die anderen Teile auf das Tonpapier übertragen und ausschneiden. Hände und Schuhe hierbei 2x doppelt ausschneiden = 4 Teile. Das Gesicht auf die Kapuze kleben und mit den Stiften bemalen. Mit der roten Kreide Wangen anmalen und mit dem Finger verreiben. Anschließend den weißen Fellrand aufkleben, wobei der rückwärtige Teil nur den unteren Rand bekommt. Schuhe und Handschuhe von beiden Seiten anbringen. Knöpfe und bunte Muster an der Jacke mit Stiften aufzeichnen. Styropor in Form einer Eisscholle brechen und mit dem Messer in der Mitte einen Schnitt machen, in den die Beine des Eskimos gesteckt werden.

Tipp:

Soll der Eskimo frei oder im Fenster hängen ist es schön, wenn man ihn auf beiden Seiten mit Gesicht versieht oder die Arbeiten abwechselnd mit dem Gesicht innen und außen anbringt.
Als Fenster oder Wandschmuck sollte das Styropor durch eine Papierscholle ersetzt werden, die unterhalb der Schuhe festgeklebt werden sollte.

Klassenraumschmuck für das ganze Jahr / Best.-Nr. 11 199

KOHL VERLAG
www.kohlverlag.de

S / R

Winter

Wer kommt mit draußen spielen? Oder wie wäre es mit einer Schneeballschlacht?

Material

- Toilettenpapierrolle
- Tonpapier in verschiedenen Farben
- Pfeifenputzer
- Filz
- Wolle
- Filzstifte
- rote Kreide
- Bleistift, Schere, Kleber

Arbeitsablauf:

Zuerst wird die Papprolle mit Tonpapier beklebt und verziert. Die restlichen Teile ausschneiden. Anschließend ca. 3 cm vom oberen Rand entfernt 2 Löcher für die Arme in die Rolle stechen – diese müssen sich gegenüberliegen. Durch diese Öffnungen einen 16 cm langen Pfeifenputzer stecken und an dessen Enden die Handschuhe aufkleben. Für die Beine einen ganzen Pfeifenputzer in der Mitte falten und am Knick einen 35 cm langen Wollfaden befestigen. Den Beinputzer von oben durch die Papprolle stecken, dabei den Armputzer zwischen die Beinteile fassen und diese unterhalb der Arme miteinander verdrehen. Die Beinenden kommen nun unten an der Papprolle heraus und werden eventuell etwas gekürzt. Anschließend mit den Stiefeln bekleben. Den Kopfteil mit einem Gesicht bemalen, Wangen mit Kreide andeuten und oberhalb der Pappröhre auf den Wollfaden kleben. Wollfäden für die Haare von vorn und hinten am Kopf befestigen und zu einer Frisur zurechtschneiden. Die Mützenteile ebenfalls von beiden Seiten auf dem Kopf anbringen. Den Schal aus einem 20x2 cm Stück Filz arbeiten, dabei an den Enden Fransen einschneiden. Schal um den Wollfaden zwischen Kopf und Körper binden und mit Kleber Halt geben.

Tipp:

Beim Trocknen der Papprolle die Enden mit Wäscheklammern sichern. Die Kleidung kann auch mit Mustern bemalt oder beklebt werden. Bunte Stoffreste sind eine weitere Alternative. Die Figuren können auch in Styropor gesteckt und so aufgestellt werden.

Klassenraumschmuck für das ganze Jahr / Best.-Nr. 11 199

KOHL VERLAG
www.kohlverlag.de

F / S / W

Winter

Warme Hände und Füße sind im Winter sehr wichtig und wenn alles noch schön bunt ist, dann sieht es noch freundlicher aus!

Material

- Tonkarton und Ton-papier in verschiede-nen Farben
- Wellpappe
- Motivstanzer
- Bleistift, Schere, Kleber

Arbeitsablauf:

Grundformen auf Tonkarton, Verzierungen auf Papier übertragen und ausschneiden. Den Handschuhrand aus Wellpappe arbeiten. Die Verzierungen werden alle doppelt, also von beiden Seiten gearbeitet. Mit den Stanzern verschiedene Motive lochen und Socken und Handschuhe damit verschönern.

Man kann auch andere große Motive wie Herzen oder Tierformen ausschneiden und auf-kleben oder einfach Muster mit Filzstiften aufmalen. Der Fantasie sind keine Grenzen gesetzt.

Tipp:

Eine andere Idee ist zum Beispiel, dass man Knöpfe oder Schleifchen aus Ge-schenkband anbringen kann. Auch Aufkleber oder kleine Glöckchen bieten sich zur Verschönerung an.

Klassenraumschmuck für das ganze Jahr / Best.-Nr. 11 199

KOHL VERLAG
www.kohlverlag.de

S

Fasching

Mit den Tipps kann man die Girlanden noch bunter und lustiger gestalten. Wer hat noch mehr Ideen?

Material
• Papprollen von Toilettenpapier oder Küchenrolle
• Geschenkpapier
• Plastik-Trinkhalme
• Wolle
• lange Stopfnadel
• Bleistift, Schere, Kleber
• spitze Schere oder Prickelnadel

Arbeitsablauf:

Von den Papprollen werden ca. 5 cm lange Stücke abgeschnitten und die Kanten begradigt. Anschließend beklebt man die Rollen mit dem bunten Geschenkpapier. Sind die Pappröhren trocken, durchbohrt man sie in der Mitte mit einer spitzen Schere oder einer Prickelnadel.

Die Trinkhalme werden in Stücke geschnitten und von der Wolle ein langer Faden, je nachdem, wie lang die Girlande werden soll.

Nun geht es ans Auffädeln. An einem Ende der Schnur eine Schlinge als Aufhängung knoten und dann das andere Endstück in eine lange Nadel einfädeln.

Nach einer Papprolle werden immer 2-3 Trinkhalmteile auf den Wollfaden geschoben. Dies geht mit Hilfe des Nähutensils am besten.

Ist die Girlande lang genug, wird die Nadel entfernt und am zweiten Ende ebenfalls eine Aufhängungsschlaufe geknotet.

Die Schlaufen verhindern auch ein Abrutschen der Papprollen.

Tipp:

Für diese Bastelarbeit können gut Geschenkpapierreste verwendet werden oder sogar Seiten aus Katalogen oder Illustrierten – Hauptsache schön bunt. Und da diese Faschingsdeko oft nicht so lange hängen bleibt, ist es eine preiswerte Variante.
Man kann die Girlanden auch noch mit farbigen Kreppapierstreifen verschönern oder andere Dinge wie bunte Pappkreise oder Kugeln aus Alufolie mit auffädeln.

Klassenraumschmuck für das ganze Jahr / Best.-Nr. 11 199

KOHL VERLAG
www.kohlverlag.de

S / W

Fasching

So einfach und doch mit großer Wirkung!

Material

- Tonpapier in verschiedenen Farben
- buntes Geschenkpapier
- alte Zeitschriften, Kataloge
- Bleistift, Schere, Kleber

Arbeitsablauf:

Mit Hilfe der Schablonen eine größere Anzahl von Girlandenteilen in gleicher Form anfertigen, 1x in der Mitte falten und wieder öffnen.

Anschließend durch die Öffnung des ersten gefalteten Kettengliedes das zweite offene Girlandenteil stecken und dann die oberen Hälften aufeinander legen, sodass die Faltkante am Innenrand des Ausschnittes des vorderen Girlandenstückes liegt. (Siehe Zeichnung)

Tipp:

Wer möchte kann z.B. bei der Herzvariante mit etwas Kleber fixieren, doch so verliert die Papierdeko ihre Beweglichkeit.

Klassenraumschmuck für das ganze Jahr / Best.-Nr. 11 109

KOHL VERLAG
Der Verlag mit dem Baum
www.kohlverlag.de

Im Licht glitzert der Clown in allen Farben und er beginnt bei jedem Luftzug mit einem neuen Tänzchen.

Material

- Tonkarton in Orange
- Tonpapier in verschiedenen Farben
- Krepppapier
- alte CD
- dünner, fester Wollfaden, 60 cm
- Bleistift, Schere, Kleber
- schwarzer und blauer Filzstift

Arbeitsablauf:

Das Haarteil 1x auf den orangenen Tonkarton, die anderen Teile auf entsprechendes Tonpapier aufzeichnen. Dabei den Hut, die Augen, das Herz und die Knöpfe auf doppelt gelegtes Papier legen, da die Teile 2x benötigt werden. Alle Formen ausschneiden.

Das Haarteil auf die CD-Rückseite kleben, dabei den Wollfaden so mitfassen, dass unten ca. 25 cm heraushängen.

Augen, Nase und Mund auf der unbedruckten CD-Seite befestigen. Den Hut über dem Kopf anbringen, dabei den Wollfaden mit einkleben. Anschließend die Kopfbedeckung mit den Herzen verzieren.

Vom Krepppapier 2 Streifen in unterschiedlicher Farbe abschneiden und unterhalb des Kopfes zu Schleifen binden. Eventuell mit Kleber fixieren.

Anschließend je 2 Knopfkreise gegeneinander am Faden unter den Schleifen ankleben. Augen und Mund mit den Filzstiften anmalen.

Tipp:

Falls die CD auf der Rückseite zu sehr bedruckt ist, z.B. bei Werbungsmedien, bitte 2 CDs verwenden und das Haarteil und den Faden dazwischen kleben.

Klassenraumschmuck für das ganze Jahr / Best.-Nr. 11 199

KOHL VERLAG
Der Verlag mit den Ideen
www.kohlverlag.de

F / S / W

Bonbons in allen Formen und Farben - bei dem Anblick läuft einem doch das Wasser im Mund zusammen.

Material

- Tonkarton
- Tonpapier
- Bleistift, Schere, Kleber
- Kräuselband

Arbeitsablauf:

Zuerst wird mit Hilfe der Schablone ein Bonbon auf den Tonkarton aufgezeichnet und dann ausgeschnitten.

Anschließend werden aus andersfarbigem Tonpapier verschiedene Formen für die Verzierung des Bonbons angefertigt – z.B. Kreise, Vierecke, Dreiecke usw.. Diese von beiden Seiten auf das Bonbon kleben.

Vom Kräuselband zwei ca. 30 cm lange Stücke abschneiden und lt. Foto um die schmalen Stellen der Pappbonbons binden und verknoten. Die Bandenden mit der Schere kräuseln.

Tipp:

Für die Verzierung kann man auch Muster mit Motivstanzern anfertigen oder Aufkleber verwenden.

Auch bunte Knöpfe oder Pailletten sehen toll aus.

Man kann auch ein Zeitungspapierknäuel wie ein Bonbon in Krepp- oder Geschenkpapier einwickeln und die Enden mit Schnur abbinden – das ergibt dann dreidimensionale Schleckereien.

Klassenraumschmuck für das ganze Jahr / Best.-Nr. 11 199

KOHL VERLAG
Der Verlag mit dem Baum
www.kohlverlag.de

Material

- Luftballon
- Wolle
- Tonkarton
- Tonpapier
- Pfeifenputzer
- Luftschlangen
- Bleistift, Schere, Kleber
- Tacker
- Filzstifte

Arbeitsablauf:

Mit Hilfe eines Tellers einen Kreis (Durchmesser auf Ballongröße abstimmen) auf den Tonkarton aufzeichnen und ausschneiden. Einen Schnitt bis zum Mittelpunkt machen und die Pappe zur Spitztüte drehen, Enden festkleben.

Den Luftballon aufblasen, verknoten und mit Filzstiften ein Gesicht aufmalen.

Die beiden Enden eines Pfeifenputzers zusammenlegen und an der gegenüberliegenden Seite eine Öse drehen. Die beiden losen Endstücke von oben in die Papptüte schieben und an der Spitze durchstecken. Anschließend die zwei Pfeifenputzerstücke als Hals um den Luftballonknoten wickeln und fixieren.

Einen zweiten Chenilledraht mittig um den Hals wickeln und die beiden verbleibenden Drahtstücke als Arme in Form biegen. Die Hände doppelt aus Tonpapier anfertigen und an den Armenden befestigen.

Durch die Öse im Tüteninneren einen Wollfaden ziehen (Beine), an dessen Enden die ausgeschnittenen Schuhe doppelseitig angeklebt werden.

Zum Schluss bekommt unser Luftballonmännchen noch Haare aus Luftschlangen und auch das Kleidchen kann mit Aufklebern oder bunten Punkten verziert werden.

Tipp:

Da die Luft in den Ballons nicht über Wochen hält ist es vielleicht nötig, den Luftballonkopf nach einiger Zeit auszutauschen.

Für die Frisur kann auch Krepppapier, Kräuselband oder Wolle eingesetzt werden.

Auch ein Hut oder Krönchen können dekorativ aussehen.

Klassenraumschmuck für das ganze Jahr / Best.-Nr. 11 199

KOHL VERLAG
www.kohlverlag.de

Da dieser Clown schön groß und bunt ist und im Luftzug lustig wackelt, macht er sich auch gut in der Pausenhalle oder im Flur.

Material

- Tonkarton in Gelb, Rot, und Schwarz
- 3D Wellpappe in Hellblau
- Farbe in Hautton und Grün
- Regenbogenpapier
- Geschenkpapier
- 2 Pappteller
- 2 rechteckige Kuchentabletts
- 2 Toilettenpapierrollen
- Wolle
- Bast
- Geschenkband
- Bleistift, Schere, Kleber
- schwarzer Filzstift
- Tacker

Arbeitsablauf:

Die Unterseite der Pappteller und Kuchentabletts mit der Farbe anmalen und trocknen lassen. 2 Papprollen mit Geschenkpapier bekleben und ebenfalls trocknen lassen. Hut, Hand, Auge und Schuhe doppelt, Schleife, Nase und Mundteile einfach aus den entsprechenden Pappen ausschneiden. 2 ca. 20 cm lange Stücke vom Geschenkband abschneiden und die Füße an jeweils einem Bandende von beiden Seiten festkleben. Die freien Enden werden von innen an einer Schmalseite des einen Kuchentabletts fixiert. An der gegenüberliegenden Tablettseite einen etwa 1 m langen Wollfaden anbringen. Anschließend das zweite Papprechteck auf das erste tackern. Dabei darauf achten, dass die Wolle oben heraushängt. Nun etwas Platz lassen und die beiden Teller zusammentackern, wobei der Faden zwischen den Pappteilen mitgeführt werden und das letzte Fadenstück oben herausschauen muss. Im Anschluss den Hut zusammenkleben, der Wollfaden ist auch hier dazwischen. Oben eine Schlaufe zum Aufhängen binden. Rechts und links am Kopf ein Loch durch die Tellerränder bohren und aus Baststücken Haare anknoten. Die Teile für das Gesicht aufkleben und mit dem schwarzen Filzstift die Konturen aufmalen. Einen 50 cm langen Wollfaden an einer Hand anknoten, die beiden fertigen Papprollen auffädeln und das andere Fadenende an der zweiten Hand befestigen. Die Arme nun mit dem Faden zwischen die oberen Seiten der Kuchentabletts klemmen und eventuell fixieren. Die Schleife aus 3D Pappe von auf den Clownskörper kleben. Diesen und die Schuhe mit Regenbogenpapierpunkten verzieren.

Klassenraumschmuck für das ganze Jahr / Best.-Nr. 11 199

www.kohlverlag.de

KOHL VERLAG

S / W

Je bunter das Bild ist, umso mehr eignet es sich für die Faschingsdekoration. Vielleicht kann man sich ja auf ein Kostüm-Motto einigen oder die der Bilder erraten?

Material

- DIN A3 Zeichenblatt mit Kopfkopie
- Wasserfarben und Pinsel
- Bleistift, Schere, Kleber
- Tonpapier und -karton in verschiedenen Farben
- verschiedene Motivstanzer
- Pailletten

Arbeitsablauf:

Zuerst wird der Kopf bunt angemalt, ein Gesicht aufgezeichnet und die Haare mit Wasserfarbe ergänzt.

Der Hintergrund wird ebenfalls mit Wasserfarbe gestaltet, mit Punkten als Konfetti und Schlangenlinien für Luftschlangen.

Danach das Bild zum Trocknen hinlegen.

In der Zwischenzeit eine Maske auf Tonkarton aufzeichnen und ausschneiden. Die Augenausschnitte ebenfalls mit der Schere entfernen. Die Masken anschließend mit bunten Stanzmotiven, Pailletten und Federn o.ä. verzieren.

Ist das Gemälde trocken, wird die fertige Maske aufgeklebt.

Tipp:

Klebt man die Masken mit dickerem doppelseitigem Klebeband auf, wirkt das Bild plastischer.

Man kann auch echtes Konfetti oder Luftschlangen auf dem Hintergrund aufkleben.

Klassenraumschmuck für das ganze Jahr / Best.-Nr. 11 199

KOHL VERLAG
Der Verlag mit dem Baum
www.kohlverlag.de

Frühling

Diese Raupe ist ein schöner Fensterschmuck, kann aber auch an der Wand als Klassen-Geburtstagskalender (siehe unter Sonstiges) verwendet werden.

Material

- Tonpapier und -karton in verschiedenen Farben
- buntes Transparent-papier
- Bleistift, Schere, Kleber
- schwarzer Filzstift

Arbeitsablauf:

Fensterraupe – Zuerst mit Hilfe von Tellern Kreise auf das doppelt gelegte Tonpapier zeichnen, in deren Mitte mit einem etwas kleineren Porzellanstück einen Innenkreis. Körperkreise ausschneiden und die Innenteile ebenfalls entfernen. Nur der Kopf mit den Fühlern und die Beine bleiben ganz.

Die eine Hälfte der Bauchkreise mit Transparentpapier in der gleichen Farbe bekleben, den zweiten Ring draufkleben und die überstehenden Papierecken abschneiden.

Die Beinchen werden von beiden Seiten angebracht und auch das Gesicht wird von vorn und hinten gearbeitet. Die Augen werden aus weißem, der Mund aus rotem Tonpapier angefertigt und bemalt.

Anschließend die Haarbüschel beidseitig fixieren.

Am Ende werden die Teile zu einer Raupe zusammengesetzt.

Tipp:

Da die Raupe gut in Einzelteilen angeklebt werden kann, ist dieses Insekt eine tolle Dekoration für jede Fensterbreite, da die Teile an jede Fenstergröße angepasst werden können.

Soll die Raupe an der Wand angebracht werden, so können die Körperkreise auch vollständig aus Tonkarton gearbeitet werden (siehe Geburtstagskalender - S. 71).

Klassenraumschmuck für das ganze Jahr / Best.-Nr. 11 199

KOHL VERLAG
Der Verlag mit dem Baum
www.kohlverlag.de

Bei diesen drolligen Kerlchen weiß man gar nicht, welchen man basteln soll!

Material

- kleine Plastikflasche
- Krepppapier in Rot, Gelb und Schwarz
- Tonkarton in Weiß, Gelb, Schwarz, Rot und Hautfarben
- Transparentpapier in Weiß
- Wackelaugen
- Geschenkband in Weiß, Rot
- Bleistift, Schere, Kleber
- schwarzer Filzstift
- rote Kreide oder Buntstift
- Klebstreifen

Arbeitsablauf:

<u>Marienkäfer</u> – Zu Beginn das Krepppapier in 2-3 cm breite Streifen schneiden. Papier in die Flasche stecken und diese verschließen. Die benötigten Kopfteile und Flügel auf Tonkarton aufzeichnen und ausschneiden, dabei das Papier für die Flügel doppelt legen. Der schwarze Kopf wird unten mit dem Quersteg am Flaschenhals angeklebt. Die Klebestelle eventuell mit Klebstreifen sichern und zusätzlich eine Schleife aus Geschenkband darum binden. Das Gesicht und die Fühler werden am Kopf befestigt. Wo richtet sich danach, ob das Insekt senkrecht oder waagerecht fliegen soll. Anschließend die Wackelaugen aufkleben und Mund und Nase mit den Stiften gestalten. Die Wangen mit roter Kreide andeuten. Die Flügel mit schwarzen Punkten bekleben und mit doppelseitigem Klebeband am Rücken anbringen.

<u>Biene</u> – Wie den Käfer arbeiten, nur die Flügel werden innen ausgeschnitten und mit Transparentpapier hinterklebt.

Tipp:

Man kann den Insekten auch noch schwarze Tonkartonbeine ankleben. Sollen die Tiere auf dem Regal stehen, so sollte man für den besseren Stand einen Stein in das Gefäß geben.

Klassenraumschmuck für das ganze Jahr / Best.-Nr. 11 199

KOHL VERLAG
www.kohlverlag.de

F / S / W / R

Frühling

Diese Blume kann im Fenster, an einer Schnur oder der Wand aufgehängt werden. In einen kleinen Tontopf gebettet sieht sie auch auf einem Regal toll aus. Und mehrere Blumen ergeben einen tollen Strauß

Material

- Minitortenspitze
- Grünes und gelbes Tonpapier
- Trinkhalm in Grün
- Bleistift, Schere, Kleber
- Tacker

Arbeitsablauf:

Blätter auf das grüne, Blüteninnenteil auf das gelbe Tonpapier zeichnen. Papier doppelt legen, da wir jeweils 2 gleiche Formen benötigen. Motive ausschneiden.
Danach die Tortenspitze mit dem Tacker am Trinkhalm befestigen. Anschließend werden die Blumeninnenkreise von vorn und hinten auf die Tortenspitze geklebt.
Die Blätter finden ihren Platz am Trinkhalmstängel.
Malt man einen kleinen Tontopf bunt an, gibt dann etwas Erde hinein und steckt die Blume dort hinein, so sieht die Spitzenblume auch toll aus. Stellt man die fertigen Bastelarbeiten einer ganzen Klasse auf die Fensterbank, so ist das ein toller Raumschmuck.

Tipp:

Diese Blume kann auch toll als Geschenk gebastelt werden. Hierfür einen gelben Kreis vor dem Aufkleben mit einem Gedicht oder Gruß beschriften.
Ist auch eine prima Idee zum Muttertag.

Klassenraumschmuck für das ganze Jahr / Best.-Nr. 11 199

KOHL VERLAG
Der Verlag mit dem Baum
www.kohlverlag.de

F / S / W / R

Frühling

Egal ob am Fenster oder an der Leine – viele dieser Blumen ergeben ein prächtiges Blütenmeer. Und sogar in einer Papiervase auf einem Bild machen sie eine gute Figur.

Material

* Tonpapier in verschiedenen Farben
* Bast
* Bleistift, Schere, Kleber

Arbeitsablauf:

Als erstes werden die benötigten Teile für die Blume aufgemalt und ausgeschnitten.
Der äußere Blütenteil wird doppelt angefertigt, der Innenteil nur einfach. Hierbei darauf achten, dass die Farben gut voneinander abstechen, aber auch miteinander harmonieren. Tulpeninnenteil sowie den Blumenstängel einfach zwischen die beiden Außenteile fassen und festkleben.
Für die Wurzeln einige Baststückchen abschneiden und eventuell in dünnere Fäden teilen. Diese sowie den unteren Blumenstiel zwischen den beiden Zwiebelhälften festkleben.

Tipp:

Arbeitet man den Tulpenstängel mit den Blättern aus festem Tonkarton, so kann man auch einen Tontopf mit einem Stück Steckmoos füllen und die Tulpenzwiebel dort hineinstecken. Malt man den Topf vorher bunt an, ergibt dies eine tolle Tischdeko.

Klassenraumschmuck für das ganze Jahr / Best.-Nr. 11 199

KOHL VERLAG

www.kohlverlag.de

F / W

Frühling

Für diese bunte Frühlingswiese kann man noch viele andere Pflanzen oder Tiere basteln. Der Fantasie sind hier keine Grenzen gesetzt.

Material

- Tonpapier in verschiedenen Farben
- Farben in verschiedenen Farbtönen
- Pinsel
- schwarzer Filzstift
- Bleistift, Schere, Kleber

Arbeitsablauf:

Die Schmetterlingsformen mit Hilfe der Schablone auf Tonpapier aufzeichnen und ausschneiden. Die Schwingen längs in der Mitte falten und gleich wieder öffnen. Anschließend mit dem Pinsel unterschiedliche Farbkleckse auf eine Flügelseite geben. Die Arbeit sofort zusammenklappen und mit der Hand kräftig darüberstreichen. Flügel wieder aufmachen und trocknen lassen. Den Insektenkörper auf die fertigen Schwingen aufkleben.
Mit schwarzem Filzstift kann ein Gesicht aufgemalt werden.
Die Blumenteile ebenfalls auf das entsprechende Tonpapier aufzeichnen und ausschneiden. Die doppelt gefertigten Blüten werden von beiden Seiten am Stiel festgeklebt. Der gelbe Innenkreis wird auch von vorn und hinten angebracht.
Im Anschluss werden alle Insekten und Pflanzen an der Fensterscheibe zu einer Wiese zusammengefügt.
Das Gesamtbild kann noch durch weitere Blumenarten oder Insekten wie Bienen und Käfer ergänzt werden.

Tipp:

Sind die Flügel zu wellig, sollte man die Malarbeit nach dem Trocknen über Nacht zwischen dicken Büchern pressen.

Klassenraumschmuck für das ganze Jahr / Best.-Nr. 11 199

KOHL VERLAG
Der Verlag mit dem Baum
www.kohlverlag.de

$$\boxed{\textbf{F / S / W}}$$

Frühling

Dieser schöne Schmetterling mit seinen lustigen Beinchen will uns gleich zu einem Ausflug auffordern.

Material

- Tonkarton in Rot und Orange
- Tonpapier in verschiedenen Farben
- Wackelaugen
- Wattekugeln in 1,5 und 2,5 cm Durchmesser
- Wasserfarben
- Holzspieße
- Pfeifenputzer
- Bleistift, Schere, Kleber
- spitze Schere oder Prickelnadel
- Filzstift in Schwarz und Rot

Arbeitsablauf:

Die Wattekugeln für Arme und Beine auf die Holzspieße stecken, mit Wasserfarben anmalen und trocknen lassen. Den Schmetterlingskörper auf den orangen und die Flügel auf den roten Tonkarton aufzeichnen und ausschneiden. Dann den Korpus auf die Schwingen aufkleben. Aus dem bunten Tonpapier Kreise und ähnliche Muster anfertigen und damit die Insektenflügel verzieren.

Den oberen Kopfteil und die Fühler vorn und hinten mit schwarzem Filzstift anmalen. Die Wackelaugen aufkleben und mit den Filzstiften das Gesicht vervollständigen.

Für die Arme mit einer spitzen Schere oder Prickelnadel zwei Löcher in die Flügel bohren.

Einen Pfeifenputzer so durch die Armlöcher stecken, dass die beiden Enden vorne zu sehen sind. Diese Pfeifenputzerstücke fest um einen Bleistift wickeln, das ergibt eine Spirale. An das Spiralende eine kleine Wattekugel kleben.

Für die Beine benötigen wir einen Pfeifenputzer pro Gliedmaß. Diese werden ebenfalls fest um einen Bleistift gewickelt und an einem Ende mit einer der größeren Wattekugeln versehen. Zur Befestigung am Körper werden am anderen Beinende die beiden oberen Spiralkreise etwas umgebogen. Dann etwas Kleber an den unteren Körper und diesen zwischen die beiden umgebogenen Spiralkreise stecken und trocknen lassen.

Tipp:

Man kann die Schmetterlingsflügel auch prima mit buntem Geschenkpapier bekleben oder verschiedene Muster rausschneiden. Das wirkt dann sehr filigran.

Klassenraumschmuck für das ganze Jahr / Best.-Nr. 11 199

KOHL VERLAG
Der Verlag mit dem Baum
www.kohlverlag.de

Frühling

Das kleine Schaf würde sich sicher über einen Platz auf einer grünen Frühlingswiese freuen. Wer kann ihm dabei helfen?

Material

- Tonkarton in Hautfarbe, Schwarz und Weiß
- Pfeifenputzer in Hellbeige
- schwarzer Filzstift
- rosa Buntstift
- Glitzerstift in Silber oder Hellgrau
- Bleistift, Schere, Kleber

Arbeitsablauf:

Die benötigten Teile auf den entsprechenden Tonkarton aufzeichnen und ausschneiden.
Auf den Körper und das Kopffellteil mit dem Glitzerstift viele kleine Spiralen aufmalen.
Das Gesicht mit schwarzem Filzstift und rosa Buntstift gestalten.
Anschließend den Kopf auf den Schafskörper kleben und das kleine Fellteil auf den Kopf fixieren.
In den Tierbauch 2 Löcher für die Beine stechen. Zwei ca. 20 cm lange Pfeifenputzer in der Mitte knicken und jeweils durch eines der Löcher stecken.
Den Fuß 4x doppelt aus schwarzem Tonkarton ausschneiden und beidseitig an die unteren Enden der Pfeifenputzer kleben.

Tipp:

Lässt man die schwarzen Füßchen weg, so kann man die Schafe auch in eine Schale mit Steckmoos stellen, die oben mit echtem Moos bedeckt und mit Blümchen dekoriert wird.

Klassenraumschmuck für das ganze Jahr / Best.-Nr. 11 199

KOHL VERLAG
Der Verlag mit dem Baum
www.kohlverlag.de

F / S / W

Frühling

Wer denkt bei diesem schönen bunten Exemplar nicht gleich an den Frühling?

Material

- Filtertüte in Weiß
- Holzwäscheklammer zum Stecken
- Filzstifte
- Wasserfarben
- 2 Stecknadeln mit bunten Köpfen
- Bleistift, Schere, Kleber

Arbeitsablauf:

Die beiden Seitenränder der Filtertüte mit der Schere abschneiden und das Papier auseinanderfalten. Mit Wasserfarbe ein buntes Muster aufmalen und den Filter trocknen lassen.

In der Zwischenzeit der Holzklammer mit den Filzstiften ein Gesicht aufmalen und den Körper bunt gestalten.

Für die Fühler 2 Stecknadeln mit farbigen Köpfen in die Holzkugel am oberen Ende der Klammer stecken. Hierfür am besten 2 kleine Löcher vorstechen oder vorbohren. Fühler eventuell festkleben.

Die getrocknete Filtertüte in der Mitte zusammendrücken und als Flügel zwischen die beiden Klammerschenkel stecken. Papier mit Kleber fixieren.

Tipp:

Die Kaffeefilter können auch nass gemacht und mit Filzstiften bemalt werden. Diese verlaufen auf feuchtem Untergrund ebenfalls.
Der Rand des Filters kann mit einer Zickzack- oder Motiv-Schere verschönert werden.

Klassenraumschmuck für das ganze Jahr / Best.-Nr. 11 199

KOHL VERLAG
www.kohlverlag.de

Bei diesen süßen Blumenkindern können sich die Schüler aussuchen, ob sie einen Jungen oder ein Mädchen gestalten möchten. Vielleicht versuchen sie ja auch ein Selbstportrait?

Material

- Tonpapier und -karton in verschiedenen Farben
- gemustertes Geschenk-papier
- Bleistift, Schere, Kleber
- schwarzer und roter Filzstift
- rote Kreide oder Buntstift

Arbeitsablauf:

Nach dem Aufzeichnen werden die benötigten Teile ausgeschnitten. Jeder kann sich über-legen, ob beide Blumenseiten ein Gesicht bekommen sollen oder eine Vorder- und eine Rückseite.

Das Gesicht mit den Filzstiften aufmalen und die Wangen mit der roten Kreide andeuten. Haarteil aufkleben und mit Schleifchen für die Mädchen oder Kappe für die Jungen ver-schönern.

Den Kragen vorbereiten und unter dem Kopf festkleben.

Die fertigen Köpfe von vorn und hinten auf der Blume befestigen. Dabei darauf achten, dass jedes Mal dieselbe Blütenspitze nach oben zeigt, damit kein Gesicht Kopf steht.

Tipp:

Für die Haarschleifen kann auch Geschenkband oder Wolle verwendet werden. Kragen und Schleifchen aus buntem Geschenkpapier geben den Blumen noch mehr Farbe und Abwechslung.

Klassenraumschmuck für das ganze Jahr / Best.-Nr. 11 199

F / S / W

Ostern

Die Schleife aus Geschenkband gibt unserem Osterhasen eine besondere Note. Und durch Farben und Deko kann man herausheben, ob es sich um einen Hasenmann oder ein Hasenfräulein handelt.

Material

- Tonkarton in Braun
- Tonpapier in Hellblau, Hautfarbe, Weiß, Rot, Orange
- Bleistift, Schere, Kleber
- schwarzer Filzstift
- dünner Basteldraht
- spitze Schere oder Prickelnadel

Arbeitsablauf:

Zuerst den Hasenkopf auf den braunen Tonkarton aufzeichnen und ausschneiden. Dasselbe wird ebenso mit den anderen Hasenteilen gemacht, diesmal aber auf Tonpapier. Den Hut doppelt anfertigen, aber nur bei dem Vorderteil die markierten Linien einschneiden. Die hautfarbenen Innenohren und die Schnauze aufkleben. Die weißen Augen oberhalb der Schnauze befestigen.

Anschließend die fertigen Ohren durch die Schlitze im vorderen Hutteil schieben und das rückwärtige von hinten gegenkleben. Die Kopfbedeckung mit der Blume verschönern.

Das Gesicht mit dem schwarzen Filzstift einzeichnen und Konturen betonen.

Am unteren Kopfende mit der Schere oder Nadel ein Loch bohren und ein ca. 10 cm langes Stückchen Draht durchstecken, die Enden 2x miteinander verdrehen. Aus dem Geschenkband eine Schleife binden und mit dem Draht befestigen.

Tipp:

Das Geschlecht der Hasen kann man durch die Farben, die Muster der Schleife usw. deklarieren. Der Mann könnte auch eine Krawatte bekommen und eine Feder an den Hut, die Hasendame hingegen würde sich vielleicht über eine Schleife oder einen Blütenkranz in den Ohren freuen und auf den Hut verzichten.

Klassenraumschmuck für das ganze Jahr / Best.-Nr. 11 199

KOHL VERLAG
www.kohlverlag.de

F / S / W

Ostern

Diesen bunten Eierkranz kann jedes Kind für sich allein basteln oder man fertigt gemeinsam mit der ganzen Klasse einen Riesenkranz an.

Material

- Tonpapier und -karton in verschiedenen Farben
- Geschenkpapier oder andere bunte Papiere
- Bleistift, Schere, Kleber
- dünnes Garn, Nadel

Arbeitsablauf:

Zuerst wird der Ring für den Untergrund aus Tonkarton ausgeschnitten.
Anschließend malt man die Eiform auf die verschiedenen Papiersorten und fertigt dann viele bunte Ostereier an. Diese sollten immer von beiden Seiten gearbeitet werden, damit der Kranz auch im Fenster oder freihängend gut aussieht.
Hat man genügend Eier gebastelt, klebt man diese schuppenartig auf den Pappring, bis von dem Pappkreis keine freie Stelle mehr zu sehen ist.
In den unteren Teil des Kranzes werden zwei Löcher gestochen. Einen Faden an einem Ei verknoten, mit der Nadel durch beide Löcher ziehen und am anderen Ende ebenfalls ein Pappei befestigen. Eier auf unterschiedliche Höhe ziehen.

Tipp:

Die Größe des Kranzes kann variiert werden, vom Miniring bis zum Riesenkranz. Nur muss die Eiergröße dementsprechend auch verändert werden.

Klassenraumschmuck für das ganze Jahr / Best.-Nr 11 199
www.kohlverlag.de – KOHLVERLAG – Der Verlag mit dem Baum

Ostern

Diese Transparentpapiereier wirken am Fenster am besten, da das Tageslicht im Hintergrund die Farben am besten leuchten lässt!

Material

- Tonpapier in verschiedenen Farben
- Transparentpapier in kräftigen Farbtönen
- Bleistift, Schere, Kleber
- Musterscheren, z.B. Zickzack- oder Wellenschere

Arbeitsablauf:

Die Eierform auf doppelt gelegtes Tonpapier aufzeichnen und ausschneiden, die Innenteile ebenfalls entfernen.

Aus dem Transparentpapier mit den Bastelscheren ca. 2 – 3 cm breite Streifen schneiden. Man kann aber auch unterschiedlich breite Stücke erstellen, das macht das Ei auch sehr interessant.

Das eine Osterei mit Kleber bestreichen und anschließend die farbigen Papierstreifen überlappend auf den Eierrand legen und festdrücken.

Ist der Innenteil des Ostereis ausgefüllt, wird das andere Rahmenstück aufgeklebt. Überstehende Transparentpapierstückchen abschneiden.

Tipp:

Mit dieser Technik lassen sich auch andere Motive wie Blumen oder Schmetterlinge gestalten.

Auch Laubblätter, die mit bunten Streifen gefüllt werden, sehen in den richtigen Farben schön herbstlich aus.

Und selbst für das Weihnachtsfenster lassen sich so tolle Kerzen basteln.

Klassenraumschmuck für das ganze Jahr / Best.-Nr. 11 199

KOHL VERLAG

www.kohlverlag.de

Blumentopf-Hase

Ostern

Was man aus Blumentöpfen so alles machen kann! Vielleicht bekommt Meister Lampe ja noch eine Freundin?

Material

- Kunststoffblumentopf in Braun ohne Aufschrift
- Tonpapier in Braun, Weiß und Hautfarben
- Bleistift, Schere, Kleber
- Filzstift in Schwarz
- roter Buntstift
- dickeres doppelseitiges Klebeband
- Watte

Arbeitsablauf:

Zunächst alle Teile auf das farblich passende Tonpapier aufzeichnen, dabei alle zweifach benötigten Teile auf doppelt gelegtes Papier aufmalen. Anschließend die gesamten Arbeiten ausschneiden.

Die Innenteile auf die braunen Ohren kleben und 2x ca. 2 cm einschneiden. Die Teile etwas übereinander schieben und zusammenkleben, so bekommen die Hasenohren eine etwas gerundete Form.

Die Füße ebenfalls einschneiden, mit schwarzem Filzstift die Konturen aufzeichnen und an der gestrichelten Linie umfalten.

Anschließend werden die Ohren und das umgefaltete Stück der Hasenfüße mit dem Klebeband am Topf angeklebt, die Ohren von hinten, die Füße werden vorne von innen angebracht.

Dann bekommen die Teile für das Gesicht ihre Bemalung und werden ebenfalls am Blumentopf befestigt.

Wer möchte, kann dem Hoppelmann auch noch weiße Hasenzähne aus Tonpapier und hinten einen Watteschwanz ankleben.

Tipp:

Es können auch Tontöpfe für den Körper benutz werden, aber die sind teurer als die Plastikvariante. Diese haben viele Hobbygärtner haufenweise zu Hause, gerade in der Zeit der Balkonblumenbepflanzung im Frühjahr und Sommer.

Klassenraumschmuck für das ganze Jahr / Best.-Nr. 11 199

KOHL VERLAG
Der Verlag mit dem Baum

Ostern

Endlich mal die Beine baumeln lassen darf dieses zauberhafte Huhn!

Material
• Tonkarton in Weiß, Rot und Gelb
• Wackelaugen
• rote Wolle
• Bleistift, Schere, Kleber
• schwarzer Filzstift
• spitze Schere oder Prickelnadel

Arbeitsablauf:

Die benötigten Teile des Huhns auf den entsprechenden Tonkarton aufzeichnen und ausschneiden.

Kamm und Kehllappen auf den Kopf kleben. Den Schnabel an der gestrichelten Linie falten, am Außenknick Kleber auftragen und so oberhalb des Kehllappens fixieren.

Die beiden Flügel rechts und links von hinten an den Körper kleben, der Schwanz wird auf der Körperrückseite angebracht.

Mit einer spitzen Schere oder einer Prickelnadel zwei Löcher (siehe Markierung) bohren. Ca. 40 cm von dem Wollfaden so durch die Öffnungen ziehen, dass die beiden Endstücke vorne zu sehen sind. In die Füße ebenfalls ein Loch stechen und hier die Wollfäden festknoten.

Nun noch die Wackelaugen aufkleben und mit dem schwarzen Filzstift die Konturen von Gesicht und Flügeln auftragen.

Tipp:

Auch anderen Tieren kann man Schlenkerbeine anfertigen. Es sieht immer lustig aus, wenn diese im Wind zappeln.

Klassenraumschmuck für das ganze Jahr / Best.-Nr. 11 199

KOHL VERLAG
Der Verlag mit dem Baum
www.kohlverlag.de

4   Filtertüten-Hase

F / S / W

Ostern

Ob das kleine Hasenmädchen das bunte Ei selbst angemalt hat? Wer kann ein noch schöneres Osterei gestalten??

Material
• Filtertüte in Beige
• Tonpapier in Braun und Weiß
• Bleistift, Schere, Kleber
• Bunt- und Filzstifte
• Watte

Arbeitsablauf:

Alle Hasenkörperteile auf das braune Tonpapier zeichnen und ausschneiden. Das Osterei und die Augen werden aus dem weißen Papier gefertigt.

Anschließend die Augen auf den Hasenkopf kleben. Den Gliedmaßen und dem Kopf mit schwarzem Filzstift Konturen aufmalen. Die Innenohren, die Nase sowie die Zähne farbig hervorheben.

Dann den fertigen Kopf von vorn an der Schmalseite des Filters anbringen.

Die Füße von Meister Lampe mit dem oberen Teil zwischen den beiden Filtertütenseiten festkleben.

Das Osterei mit bunten Mustern und Ornamenten anmalen und auf dem Hasenbauch befestigen.

Die beiden Hände werden auf den Seiten des Hasenkleides befestigt und zwar so, dass sie das Osterei festhalten.

Aus einem kleinen Wattebällchen kann nun noch hinten am Hasenkleid ein kleines Stummelschwänzchen angeklebt werden.

Tipp:

Das Ei kann auch mit buntem Papier beklebt werden.

Klassenraumschmuck für das ganze Jahr / Best.-Nr. 11 199

KOHL VERLAG
Der Verlag mit dem Baum
www.kohlverlag.de

Wenn Ostern vorbei ist, dann besuche ich meine Freunde, den Schneemann und den Pinguin und bringe ihnen ein Osterei!

Material

- Tonpapier in Braun, Weiß, Hautfarben und Gelb
- Wackelaugen
- Bleistift, Schere, Kleber
- schwarzer Filzstift
- Buntstifte

Arbeitsablauf:

Zuerst alle benötigten Teile auf Tonpapier aufzeichnen und ausschneiden. Dann aus dem gleichen Papier einen Kreis (Kuchenteller) für den Körper anfertigen. Diesen in der Mitte längs falten und abwechselnd von links und rechts mit einem Abstand von ca. 2 cm einschneiden (siehe Pinguin im Kapitel Winter). Immer Seitenrand von ca. 2 cm stehen lassen!

Anschließend den Kopf oben an den Körper kleben. Die Ohren bekommen hautfarbene Innenteile und die Schnauze wird angebracht. Wackelaugen fixieren und den Haarbüschel befestigen.

Die Hasenarme seitlich am Körper ankleben. Das Ei mit bunten Mustern anmalen und zwischen den Händen anbringen. Es darf nicht am Körper fixiert werden. Die Füße bekommen hautfarbene Sohlen und Zehen und werden an der Körperunterseite fixiert.

Das Gesicht und alle weiteren Konturen mit dem schwarzen Filzstift aufmalen. Zum Schluss die Hasenzähne aus weißem Papier aufkleben.

Tipp:

Auch hier sollte das braune Papier nicht zu dick oder zu dünn sein (siehe Pinguin im Winterkapitel).

Das Ei könnte auch mit bunten Schnipseln beklebt werden. Man kann dem Hasen auch eine Möhre in die Hand geben, dann verschwindet der österliche Charakter.

Klassenraumschmuck für das ganze Jahr / Best.-Nr. 11 199

KOHL VERLAG
www.kohlverlag.de

Eine Idee – zwei Möglichkeiten!

Material

- Tonpapier in Dunkelgrün
- Tonkarton in Bordeauxrot
- Wasser- oder Fingerfarben
- Pinsel
- Kleber

Arbeitsablauf:

Zuerst die Handfläche mit weißer Farbe anmalen und einen Handabdruck auf das grüne Papier drücken. Dabei darauf achten, dass der Daumen dabei nach oben zeigt und die anderen Finger gespreizt gehalten werden. An den Daumenabdruck, den Kopf, werden nun mit roter Farbe Kehllappen und Kamm angemalt, ebenso der orange Schnabel und ein schwarzes Auge. Die Beine werden auch mit Orange angebracht. Der Hintergrund kann individuell gestaltet werden: Blumenwiese oder Misthaufen aus Stroh – der Fantasie sind keine Grenzen gesetzt. Nach dem Trocknen das Bild auf einen größeren bordeauxfarbenen Tonkarton kleben, der als Bilderrahmen dient.

Soll der Hahn als Fensterbild gestaltet werden, so geht man genau so vor wie beim Bild auf Papier.

Tipp:

Bitte beim Bemalen der Fenster darauf achten, dass sich die Farbe wieder gut entfernen lässt.
Malt man die einzelnen Finger in verschiedenen Farben an, so sieht der Hahn prachtvoller aus.

Klassenraumschmuck für das ganze Jahr / Best.-Nr. 11 199

KOHL VERLAG
Der Verlag mit dem Baum
www.kohlverlag.de

Sommer

Dieser Tellerfisch wirkt am besten, wenn er frei an der Decke bzw. an einer Schnur aufgehängt wird. Je bunter die Fische, desto abwechslungsreicher ist das Gesamtbild der Raumgestaltung.

Material

- 2 Pappteller
- blaue Farbe, Pinsel
- Tonkarton in Türkis und Orange
- Tonpapier, Glitzerfolie und andere Papier- und Foliensorten in verschiedenen Blautönen und unterschiedlichen Mustern
- Wackelaugen
- Bleistift, Schere, Kleber
- schwarzer Filzstift
- Tacker

Arbeitsablauf:

Die beiden Pappteller an der Unterseite mit blauer Farbe bemalen und trocknen lassen. Die Flossen aus der türkisen, den Mund aus der orangefarbenen Pappe ausschneiden und an die Innenseite eines Tellers kleben. Anschließend den zweiten Pappteller aufkleben, die Ränder eventuell für besseren Halt mit dem Tacker zusammenheften.

Aus den verschiedenen Papieren mit der Schablone viele Schuppen ausschneiden und auf dem Fischkörper aufkleben; dabei am Schwanzende beginnen und überlappend zum Kopf hin weiter arbeiten. Das vordere Viertel des Tellers bleibt für das Gesicht frei. Nun kleben wir das Wackelauge auf und malen die Feinheiten mit dem Filzstift auf. Das Rückenteil wird ebenso gearbeitet.

Klassenraumschmuck für das ganze Jahr / Best.-Nr. 11 199

Tipp:

Bitte die Trockenzeit der Farbe beachten. Natürlich kann man den Fisch auch in anderen Farbtönen gestalten. Wenn er in nur einer Farbvariante gebastelt wird, dann kann man gut die vielfältigen Nuancen einer Farbe erkennen.

KOHL VERLAG
Der Verlag mit dem Baum
www.kohlverlag.de

F / S / W

Die Pappteller-Qualle ist eine tolle Ergänzung zum bunten Fisch. Beide Arten ans Netz oder die Schnur gehängt, mit einigen blauen Kreppbändern dazwischen, und die Unterwasserwelt ist fertig.

Material

- Pappteller
- Farbe
- Tacker
- Krepppapier
- Wackelaugen
- Bleistift, Schere, Kleber
- schwarzer Filzstift

Arbeitsablauf:

Den Pappteller in der Mitte durchtrennen und die Schnittkanten wellenförmig abschneiden. Anschließend beide Teile an der Außenseite mit Farbe anmalen.

Nach dem Trocknen Muster, z.B. Punkte, in einer anderen Farbe aufmalen.

In der Zwischenzeit aus dem Krepppapier ca. 4 cm breite Streifen abschneiden. Sind die Teller trocken, die Papierstreifen an der gewellten Seite des Tellers auf der Innenseite anbringen. Dann die beiden Teller zusammentackern.

Im Anschluss die Wackelaugen aufkleben und mit dem schwarzen Filzstift ein Gesicht aufmalen.

Tipp:

Bei Bastelarbeiten mit Papptellern kann man diese am besten mit dem Tacker zusammenfügen, da Klebstoff oft nicht auf Dauer hält.

Natürlich könnte man die Telleraußenseiten auch mit bunten Papierschnipseln bekleben oder mit Stiften anmalen, da die Außenseiten ja nicht beschichtet sind.

Die Fangarme können auch aus Wolle gefertigt werden. Falls die Kinder schon flechten können, sehen auch Wollzöpfe toll aus.

Klassenraumschmuck für das ganze Jahr / Best.-Nr. 11 199

KOHL VERLAG
www.kohlverlag.de

F / S / W

Die Pappteller-Ente ist eine tolle Ergänzung zu unserem Frosch. Beide fühlen sich im Netzsee wohl.

Material

- 2 Pappteller
- gelbe Farbe, Pinsel
- Tonkarton in Gelb, Weiß und Orange
- gelbe Wellpappe
- orange Feder
- gelbe Pfeifenputzer
- Tacker
- Bleistift, Schere, Kleber
- schwarzer Filzstift

Arbeitsablauf:

Die beiden Pappteller an der Unterseite gelb anmalen und trocknen lassen. In der Zwischenzeit die anderen Teile für die Ente aufzeichnen – Flügel auf die Wellpappe, den Rest auf den Tonkarton - und ausschneiden.

Für die Beine je einen Pfeifenputzer über einen Bleistift wickeln, es entsteht so eine Spirale. In die schmale Seite der Füße ein Loch bohren und das Pfeifenputzerbein daran befestigen.

Anschließend die Flügel, die Beine und den Schwanz auf der Innenseite eines Tellers ankleben. Danach die beiden Teller aufeinander legen, die gelben Seiten sind außen, und zusammentackern.

Den Kreis für den Kopf in der Mitte falten, mit den offenen runden Seiten über den Tellerrand schieben und festkleben. Die Schnabelteile jeweils unten und oben anbringen, die vorn überstehenden Enden zusammenkleben.

Die Augen aus weißem Karton oberhalb des Schnabels anbringen und mit dem schwarzen Filzstift die Gesichtskonturen anzeichnen.

Zum Schluss noch die Feder am Hinterkopf befestigen und schon kann die Ente aufgehängt werden – vielleicht ja neben unseren Tellerfrosch….

Klassenraumschmuck für das ganze Jahr / Best.-Nr. 11 199

Tipp:

Es können auch Wackelaugen verwendet werden. Hat man keine Feder zur Hand, könnte auch ein Haarbüschel aus gelbem Tonkarton gestaltet und angeklebt werden.

KOHL VERLAG
www.kohlverlag.de

Sommer

Unser grüner Teichbewohner passt sehr gut zu der Pappteller-Ente aus diesem Kapitel.

Material
• 2 Pappteller
• grüne Farbe
• grünen und roten Tonkarton
• 2 Wattekugeln, 3-4 cm
• schwarzer Filzstift
• Tacker
• Bleistift, Schere, Kleber

Arbeitsablauf:

Zuerst werden die Außenseiten der Pappteller mit grüner Farbe angemalt und zum Trocknen zur Seite gestellt.

Die Gliedmaßen auf den grünen, die Zunge auf den roten Karton aufzeichnen und die Teile ausschneiden.

Mit dem Filzstift die Zehen an Vorder- und Hinterbeinen einzeichnen.

Ist die grüne Farbe getrocknet, können die Beine auf die Innenseite eines Tellers geklebt werden, ebenso die Zunge.

Den zweiten Teller mit Klebstoff einstreichen und auf die andere Körperhälfte kleben. Anschließend die Ränder für den besseren Halt noch zusammentackern.

Die Wattekugeln bekommen mit Hilfe des schwarzen Filzstiftes Pupillen aufgemalt und werden dann auf dem oberen Teller fixiert – fertig ist unser Teichbewohner.

Tipp:

Natürlich kann auch hier die grüne Farbe durch aufgeklebte Papierschnipsel ersetzt werden.

Wer möchte, kann dem Frosch auch noch eine dicke Fliege auf die lange Zunge setzen.

Klassenraumschmuck für das ganze Jahr / Best.-Nr. 11 199

Sommer

Darf ich vorstellen? – Der König der Meere und seine Gemahlin!

Material

- Tonkarton in Hautfarbe, Hellgrün, Gelb, Braun und Orange
- Holografiefolie in Blau und Gold
- Filzstifte
- dünnes Band
- blaue Perle
- Bleistift, Schere, Kleber

Arbeitsablauf:

Meerjungfrau: Alle Teile auf den entsprechenden Tonkarton aufzeichnen und ausschneiden. Die Körperteile je 1x vorn und 1x hinten mit der blauen Holographiefolie bekleben, überstehende Ränder entfernen. Anschließend den Oberkörper zwischen den Unterteilen befestigen. Die gelben Haare werden von hinten an den Hinterkopf geklebt.
Mit den Filzstiften ein freundliches Gesicht aufmalen und auch die Schmuckstücke wie Kette und Armband werden so gestaltet.
Aus orangefarbenem Tonkarton zwei kleine Seesterne ausschneiden, die als Deko für das Kleid und das Haar der kleinen Nixe dienen.

Wassermann: Alle Teile des Wassermannes aufzeichnen und ausschneiden. Das Oberteil mit Kopf zwischen die beiden grünen Fischflossen kleben. Die Haare werden von hinten am Kopf befestigt, der Bart bekommt vorn seinen Platz. Mit Filzstiften das Gesicht einzeichnen und die Konturen von Schuppen und Händen andeuten. Aus der goldfarbenen Folie die Krone ausschneiden und beidseitig am Kopf anbringen.
Den Dreizack aus der braunen Pappe arbeiten und oben mit goldener Folie bekleben. Anschließend die eine Hand des Meeresbewohners umfalten und den Stiel hineinkleben.
Zum Schluss wird die Perle auf ein dünnes Band gefädelt und dem Wassermann als Kette um den Hals gebunden.

Tipp:

Die Holographiefolie ist kein Muss, aber die glitzernde Oberfläche hat eine geheimnisvolle Wirkung auf den Betrachter.

Klassenraumschmuck für das ganze Jahr / Best.-Nr. 11 199

www.kohlverlag.de

S

Egal, welche Becherform oder Größe man wählt, diese Quallen sehen Klasse aus. Und die zarten Fangarme bewegen sich im Wind.

Material

- Joghurt- oder Sahnebecher
- Kleister
- Transparentpapier
- weißes Papier
- schwarzer Filzstift
- Bleistift, Schere, Kleber
- Wolle

Arbeitsablauf:

Ein Stück Transparentpapier in Stückchen zerreißen und mit Hilfe des Kleisters den Becher damit vollständig in ca. 3-4 Schichten bekleben.
Nach der 2. Lage einen Wollfaden von etwa 1 m Länge oben quer auf den Becherboden legen und das aufliegende Stück mit einkleben. Dieser Faden dient später als Aufhängung.
Aus einem weiteren Stück Transparentpapier lange Streifen für die Fangarme schneiden. Diese dann ebenfalls mit dem Kleister am Krakenkörper befestigen.
Ist die Qualle getrocknet, zwei Augen aus weißem Papier aufkleben und Konturen des Gesichtes mit dem schwarzen Filzstift aufzeichnen.

Tipp:

Immer darauf achten, dass alle Papierstückchen gut mit Kleister bedeckt sind und nicht vom Becher abstehen. Am besten zum Schluss immer eine Schicht Kleister auf das komplette Werk auftragen.

Klassenraumschmuck für das ganze Jahr / Best.-Nr. 11 199

www.kohlverlag.de

Wie schön bunt doch die Unterwasserwelt ist. Man kann sie aber noch mit vielen anderen Meeresbewohnern bereichern.

Material

- Tonkarton und -papier in verschiedenen Farben und Mustern
- Regenbogenpapier
- Bleistift, Schere, Kleber
- schwarzer Filzstift
- Wackelaugen

Arbeitsablauf:

Zuerst werden die benötigten Teile für ein ausgewähltes Tier oder Pflanze auf das entsprechende Papier gezeichnet und ausgeschnitten.

Bitte darauf achten, dass einige Teile doppelt benötigt werden, wenn die Meeresbewohner am Fenster oder einer Schnur befestigt werden sollen und man sie so von beiden Seiten sehen kann.

Die Grundform mit den restlichen Teilen wie Flossen usw. ergänzen.

Die Wackelaugen aufkleben. Diese kann man aber auch durch selbstgefertigte Augen aus weißem Papier ersetzen.

Die Feinheiten der einzelnen Tiere und Pflanzen mit dem schwarzen Filzstift hervorheben.

Tipp:

Je bunter und vielfältiger das Papier ist, umso interessanter sieht die Unterwasserwelt aus. Eigene Ideen können das Bild bereichern. Wie wäre es z.B. mit einer Schatzkiste, einem gesunkenen Schiffswrack oder der Meerjungfrau aus diesem Buch?

Klassenraumschmuck für das ganze Jahr / Best.-Nr. 11 199

KOHL VERLAG
www.kohlverlag.de

F / S / W

Sommer

Dieses Segelboot ist sehr vielfältig einsetzbar und schnell gebastelt. Fertigt man es in einer größeren Gruppe an, so entsteht eine bunte Flotte, die sofort an Sommer und Meer denken lässt.

Material

- Tonkarton und -papier in verschiedenen Farbtönen
- Bleistift, Schere, Kleber

Arbeitsablauf:

Die einzelnen Schiffsteile auf das gewählte Papier zeichnen und ausschneiden. Soll das Boot frei hängen oder aufgestellt werden ist es ratsam, den Schiffsrumpf und den Mast aus Karton zu arbeiten, damit die Bastelarbeit Stabilität bekommt.

Zuerst wird der Mast zwischen die beiden Rumpfteile geklebt. Das abgerundete Segel mit dem Zierstreifen verschönern und am Schiffsmast anbringen. Das dreieckige Segel auf der anderen Seite befestigen.

Die Fahne wird oben am Mast festgeklebt, Bullaugen ergänzen den Bootsrumpf.

Wer möchte, kann auch noch einen Anker oder vielleicht sogar einen Matrosen basteln und auf das Segelschiff kleben.

Tipp:

Auch für die Fensterbank oder ein Regal ist das Boot eine tolle Deko. Hierfür 2 Wellen (siehe Schablonen) aus blauem Tonkarton ausschneiden und mit den oberen Hälften an beiden Seiten am Boot festkleben. Wellen an der gekennzeichneten Linie etwas nach außen falten, schon kann das Boot stehen.

Klassenraumschmuck für das ganze Jahr / Best.-Nr 11 199
www.kohlverlag.de

5 Sonnenblume

Sommer

Viele dieser wunderschönen Blumen ergeben ein gelbes Blütenmeer – und sie können bis in den Herbst hinein hängen bleiben.

Material

- Krepppapier in Grün und Gelb
- 3D Wellpappe in Braun
- Naturbast
- grüne Perlen
- Bleistift, Schere, Kleber

Arbeitsablauf:

Aus dem gelben Krepppapier 9 Blütenblätter anfertigen. Für die Blumenmittelteile aus der braunen Wellpappe 2 Kreise ausschneiden. Acht der gelben Blätter in gleichmäßigem Abstand auf die Innenseite eines Kreises kleben. Anschließend den zweiten Kreis auf der anderen Seite fixieren, wobei ein etwa 1 m langer Bastfaden in der Mitte mitgefasst wird. Oberhalb der Blume eine Perle auf den Bast auffädeln. Dabei den Faden 2x durch die Holzkugel ziehen, damit diese nicht verrutschen kann.

Das letzte gelbe Blütenblatt etwas über der Perle anknoten.

Unterhalb der Blume auf dieselbe Art und Weise wie oben ebenfalls eine Perle fixieren.

Das grüne Doppelblatt, welches auch aus Krepppapier angefertigt wird, einige cm unter der zweiten Perle befestigen.

Tipp:

Die Blätter der Sonnenblume können auch aus Tonpapier gestaltet werden. Da dieses jedoch steifer ist als Krepppapier, ist es schwieriger, die Blätter am Bastfaden festzuknoten.

Klassenraumschmuck für das ganze Jahr / Best.-Nr. 11 199

KOHL VERLAG
Der Verlag mit dem Baum
www.kohlverlag.de

Herbst

Diese lustigen bunten Blättermännchen eignen sich sowohl für das Fenster als auch für die Wand oder zum freien Aufhängen im Raum. Es entstehen immer wieder neue Unikate.

Material
• Tonpapier oder -karton in verschiedenen Farben wie Gelb, Orange, Dunkelrot, Hell- und Dunkelgrün, Braun
• Tonpapier in Weiß
• Bleistift, Schere, Kleber
• schwarzer Filzstift

Arbeitsablauf:

Zuerst werden die verschiedenen Blattformen mit Hilfe der Schablonen auf den Tonkarton gezeichnet und ausgeschnitten. Bei der Auswahl von Blattform und -farbe sollte darauf geachtet werden, dass keine gleichfarbigen Blätter oder Blattformen nebeneinander liegen.
Es bleibt jedem selbst überlassen, aus wie vielen Teilen er die Arme und Beine zusammensetzt und ob das Männchen eventuell Haare oder z.B. einen Hut bekommen soll. Anschließend die Teile zusammenkleben.
Für die Augen schneiden wir zwei kleine Kreise aus dem weißen Papier aus und kleben diese auf. Das Gesicht und die Blattadern werden mit dem schwarzen Filzstift aufgemalt.

Tipp:

Sind Wackelaugen vorhanden, so kann man auch diese prima verwenden. Man kann diese lustigen Kerlchen auch aus echten gepressten Blättern gestalten, was aber sehr viel Feingefühl braucht, da trockenes Laub sehr schnell bricht.
Sollen die Männchen frei im Raum oder am Fenster aufgehängt werden, sieht es schöner aus, wenn die Gesichter und Blattadern von beiden Seiten gearbeitet werden.

Klassenraumschmuck für das ganze Jahr / Best.-Nr. 11 199

KOHL VERLAG

6 ## Blumentopf-Eichhörnchen

S / R

Material

- braune Plastikblumentöpfe ohne Aufdruck
- Tonpapier und -karton in Dunkelbraun
- Tonpapier in Dunkel- und Hellbraun, Hellgrün
- Filzstift in Schwarz
- rote Tafelkreide oder Buntstift
- Schere, Bleistift, Flüssigkleber
- dickeres doppelseitiges Klebeband
- Eicheln

Noch eine tolle Idee, was man aus einfachen Blumentöpfen basteln kann. Die Eichhörnchen sind eine Bereicherung für jede Herbstdeko.

Arbeitsablauf:

Als Erstes den Kopf auf den Tonkarton, die restlichen Teile auf das entsprechende Tonpapier zeichnen und ausschneiden. Anschließend die Eichel zusammenkleben und mit dem Filzstift das Eichelhütchen bemalen.

Das Eichhörnchengesicht bekommt seine Details auch mit dem Filzstift aufgetragen, die Wangen mit der roten Kreide bzw. Buntstift andeuten. Auch an den Händen und Füßen werden mit dem schwarzen Stift Finger und Zehen aufgemalt.

Arme und Beine anschließend auf den Blumentopf kleben, dabei die Eichel zwischen den Pfötchen befestigen.

Den Kopf mit einem Stück doppelseitigem Klebeband fixieren, ebenso den buschigen Schwanz. Alles gut trocknen lassen.

Tipp:

Damit die Papierteile am Topf besser halten, diese beim Trocknen mit Wäscheklammern fixieren.

Zeigt sich der Schwanz beim Ankleben etwas störrisch, so kann man ihn an der unteren Seite einige Male einschneiden und die Stücke etwas übereinander legen.

Klassenraumschmuck für das ganze Jahr / Best.-Nr. 11 199

Ob die Vögel vor dieser süßen Vogelscheuche wohl Angst bekommen?

Material

- Tonkarton in Hautfarben und Hellblau
- bunter Bast
- Feder
- Krepppapier in verschiedenen Farben
- 1 dreieckiges Stück Stoff
- 2 Äste
- Band oder Draht
- Bleistift, Schere, Kleber
- Klebeband
- Locher
- Filzstifte in Schwarz und Rot
- roter Buntstift oder Kreide

Arbeitsablauf:

Zuerst werden die beiden Äste mit dem Band oder Draht zu einem Kreuz zusammenge-
bunden. Anschließend die Kopf- und Hutteile auf den doppelt gelegten Karton aufzeichnen und diese ausschneiden. Auf den vorderen Kopf ein Gesicht malen, die Wangen mit
der Kreide oder dem Buntstift andeuten. An dem einen Hutteil den markierten Einschnitt
für den Kopf durchführen.
Nun beide Kopfteile zusammenkleben, dabei das obere Ende des Holzkreuzes (Hals) mit
einfügen. Diese Klebestelle gut trocknen lassen und evtl. mit Klebeband fixieren.
An den Seiten des Kopfes mit dem Locher 2 Löcher machen. Hier Baststücke für die Haare befestigen. Für den Pony kurze Baststückchen oben am Gesichtsteil ankleben. Danach
wird der Kopf durch den Einschnitt des Hutes gesteckt und festgeleimt. Das andere Hut-
stück von hinten gegenkleben. Aus Bast kleine Bündel schneiden, diese an den Armenden
festkleben und die Stellen zum besseren Halt noch mit Bast umwickeln. Vom Krepppapier
Streifen (3 x 60 cm) abschneiden und an den Armästen ankleben. Zum Schluss noch die
Feder am Hut befestigen und das Stoffdreieck als Tuch um den Hals binden.

Tipp:

Um die Haare zu befestigen, legt man den Bastfaden in der Mitte zusammen, steckt
die so an einem Ende entstandene Öse durch das Loch im Karton und zieht die beiden losen Enden auf der anderen Seite der Pappe durch die Öse. Zieht man nun an
den Bastenden, zieht sich die Schlaufe zusammen und der Faden hält.

Klassenraumschmuck für das ganze Jahr / Best.-Nr. 11 199

KOHL VERLAG
Der Verlag mit dem Baum
www.kohlverlag.de

Ahornnasen- und Blätterigel

F / S / W

Herbst

Egal ob Blätter- oder Ahornnasen – die Igel sehen niedlich aus!

Material

- gepresste Ahornnasen oder Buchenblätter
- Tonkarton in Orange und Weiß
- Wackelaugen
- Bleistift, Schere, Klebestift bzw. Flüssigkleber
- schwarzer Filzstift
- rote Kreide oder Buntstift

Arbeitsablauf:

Für den Blätterigel die große Form auf den Tonkarton übertragen, für den aus Ahornnasen ist die kleinere Schablone besser geeignet. Anschließend den Igel ausschneiden und Augen, Nase, Mund und Füßchen an beiden Seiten aufkleben bzw. mit dem Filzstift aufmalen. Nun werden die Blätter bzw. Ahornnasen auf den Kartonigel geklebt. Dabei von außen nach innen arbeiten, sodass die letzten Blätter am Kopf angesetzt werden. Bastelarbeit nun gut trocknen lassen.

Klassenraumschmuck für das ganze Jahr / Best.-Nr. 11 199

Tipp:

Man kann auch Augen aus weißem Papier gestalten, falls keine Wackelaugen vorhanden sind.
Es ist zu überlegen, ob man Klebestifte oder Flüssigkleber benutzt. Der flüssige Klebstoff braucht länger zum Trocknen, gleicht aber Unebenheiten besser aus.
Beim Kleben der Blätter muss man vorsichtig arbeiten, da die getrockneten Blätter sehr leicht zerbrechen.

KOHL VERLAG
www.kohlverlag.de

Herbst

Dieses Herbstlaub-Bild zeigt seine beste Wirkung durch Lichteinfall aus dem Hintergrund – deshalb findet es seinen richtigen Platz am Fenster.

Material

- verschiedene Papiersorten (z.B. Seidenpapier, Japanseide, Bananenpapier, Transparentpapier) in unterschiedlichen Gelb-, Orange- und Rottönen

- farblich passender Tonkarton

- Laminierfolie

- Laminiergerät

- Bleistift, Schere

Arbeitsablauf:

Mit Hilfe der Schablonen vom Blättermännchen Blätter in verschiedenen Formen auf unterschiedliches Papier aufzeichnen und ausschneiden. Anschließend das Papierlaub zwischen der Laminierfolie zu einem bunten Bild arrangieren. Hierbei darauf achten, dass keine gleichen Blätter nebeneinander liegen. Die Folie nun zusammenklappen und im Gerät zusammenschweißen. Zwischen schweren Büchern abkühlen lassen. Auf den Tonkarton einen passenden Rahmen zeichnen und ausschneiden. Der Innenausschnitt sollte ca. 1 cm kleiner sein als das Bild, der Außenrand mindestens 2 cm größer. Rahmen zweifach arbeiten, da er von beiden Seiten angeklebt wird.

Tipp:

Man kann die Blätter mit etwas Kleber an einigen Stellen etwas fixieren, damit sie nicht verrutschen, wenn die Folie in das Laminiergerät geschoben wird.
Für eine gute Leuchtkraft sollten die Papiersorten etwas lichtdurchlässig sein.

Klassenraumschmuck für das ganze Jahr / Best.-Nr. 11 199

www.kohlverlag.de

KOHL VERLAG

F / W

Herbst

Diesen süßen Igel kann man schön als Fensterbild gestalten, aber auch als Wandschmuck sieht er toll aus.

Material

- Fingerfarbe in Orange, Braun, Schwarz und Blau (für das Wandbild gehen auch andere Farben wie Wasserfarbe)
- Pinsel

Arbeitsablauf:

Zu Beginn wird die Handinnenfläche mit dem Pinsel und oranger Farbe eingestrichen – nur der obere Teil des Daumens bleibt bis zum Gelenk frei. Dann spreizen wir die Finger und drücken die eingefärbte Hand auf die Scheibe oder das Papier. Hierbei achten wir darauf, dass der Daumen waagerecht zur Seite zeigt. Nach festem Drücken die Hand vorsichtig von der Scheibe bzw. dem Papier hochheben. Mit dem gesäuberten Pinsel braune Farbe aufnehmen und zwischen die Fingerabdrücke braune Striche als weitere Stacheln aufmalen. Das Auge entsteht aus einem blauen Fingerabdruck; ebenso das Schnäuzchen, dieses aber in Schwarz oder Braun. Für das Gras malen wir grüne Striche unter die Igel.

Klassenraumschmuck für das ganze Jahr / Best.-Nr. 11 199

Tipp:

Für das Fensterbild können wir noch andere herbstliche Dinge wie buntes Laub aus Transparentpapier oder Wolken und Sonne anbringen. Das Wandbild kann auch mit weiteren Details verschönert und auf farblich passende Pappe geklebt werden.

KOHL VERLAG
www.kohlverlag.de

F / S / W

Herbst

Dieses hübsche Rabenmädchen sieht überall gut aus, egal ob im Fenster oder frei im Raum hängend.

Material

- weiße Filtertüte
- schwarzes und gelbes Tonpapier
- Filz- und Buntstift in Schwarz
- 2 Wackelaugen
- gelb-weiß kariertes Schleifenband
- Bleistift, Schere, Kleber

Arbeitsablauf:

Zuerst alle Teile auf das Tonpapier zeichnen und ausschneiden. Dann wird die Filtertüte von beiden Seiten mit dem Buntstift schwarz angemalt.

Kopf, Flügel und Herzchen vorne auf die Filtertüte kleben, der Schwanz wird hinten befestigt.

Die gelben Beine werden zwischen den beiden Filterhälften angebracht und bekommen mit dem schwarzen Filzstift die Feinheiten eingezeichnet.

Wackelaugen und gelben Schnabel im Gesicht fixieren. Mit dem Filzstift Nasenlöcher und Mund aufmalen.

Um das obere Haarbüschel aus dem karierten Band eine Schleife binden.

Tipp:

Für die Flügel und als Haarbüschel können auch prima schwarze Federn angeklebt werden..

Natürlich kann man den Vogel auch in anderen Farben arbeiten – so entsteht dann eine bunte Vogeltruppe.

Klassenraumschmuck für das ganze Jahr / Best.-Nr. 11 199

KOHL VERLAG
www.kohlverlag.de

Herbst

Dieser Kürbis kann ein lustiges oder trauriges Gesicht bekommen – der Fantasie sind keine Grenzen gesetzt.

Material

- Pappteller
- orangefarbenes Transparentpapier
- grünes und gelbes Tonpapier
- Bleistift, Schere, Kleber
- schwarzer Filzstift
- evtl. Tacker

Arbeitsablauf:

Zunächst wird das Transparentpapier in kleine Stücke gerissen. Mit den Papierschnipseln den Teller komplett bekleben und die Arbeit ca. 1 Tag trocknen lassen.
Mit Hilfe der Schablonen die Teile für den Kürbis auf das Tonpapier zeichnen und ausschneiden. Augen, Nase und Mund auf die Tellervorderseite kleben und nach dem Trocknen mit schwarzem Filzstift umranden. Den grünen Stiel oben am Teller befestigen.

Tipp:

Besonders schön sieht es aus, wenn man den Kürbis doppelt, also von beiden Seiten aus 2 Tellern bastelt. Dazu die beiden Teller vor dem Bekleben mit dem Tacker zusammenfügen, dies hält besser als kleben.
Man kann auch die Umrisse von Augen, Nase und Mund auf den Teller aufmalen und ausschneiden. Anschließend diese Öffnungen mit gelbem Transparentpapier hinterkleben. Bei dieser Variante können die zwei Kürbishälften erst fertig gestellt zusammengetackert werden.

Klassenraumschmuck für das ganze Jahr / Best.-Nr. 11 199

KOHL VERLAG
Der Verlag mit dem Baum
www.kohlverlag.de

F / S / W

Herbst

Dieser lustige Geselle ist das männliche Beispiel von dem Mädchen, das uns schon aus dem Sommerkapitel bekannt ist.

Material

- Tonkarton in warmen Herbstfarben

- Tonpapier in Hautfarben und weiteren bunten Farbtönen

- Bleistift, Schere, Kleber

- schwarzer und roter Filzstift

- rote Kreide oder Buntstift

Arbeitsablauf:

Zunächst alle Teile aufmalen – die Blätter auf den Tonkarton, die anderen Teile auf das Tonpapier. Anschließend alles ausschneiden.
Die Haare auf den Kopf kleben.
Mit den Stiften ein Gesicht aufmalen, die Wangen werden mit der roten Kreide (Buntstift) angedeutet.
Danach den jeweils passenden Kragen anfertigen und von hinten an das Gesicht kleben.
Um dem Jungen mehr Individualität zu geben, können Spangen oder Schleifen aus Pappe bzw. Geschenkband gestaltet und im Haar befestigt werden.
Für den Jungen können wir zum Beispiel eine bunte Kappe basteln, die wir ihm auf seinen Kopf setzen.
Zum Schluss den fertigen Kopf auf dem Blatt fixieren.

Tipp:

Sollen die Bilder im Fenster oder frei im Raum hängen, bitte von beiden Seiten arbeiten. Auf die hintere Seite kommt dann jeweils die Rückansicht der Köpfe.

Klassenraumschmuck für das ganze Jahr / Best.-Nr. 11 199

KOHL VERLAG
www.kohlverlag.de

Wer malt die gruseligste Gespensterburg der Schule?

Material

- grauer Tonkarton DIN A3
- Wachsmalstifte
- Bleistift, Schere, Kleber
- Geister-Fotokopie

Arbeitsablauf:

Mit den Wachsmalstiften auf den grauen Karton eine Gespensterburg malen. Es sieht besonders toll aus, wenn man die einzelnen Steine der Burgmauern erkennen kann. Anschließend die Geister und Fledermäuse ausschneiden und auf der Burg festkleben.

Tipp:

Man könnte auch ein Zimmer im Inneren der Burg gestalten und die Gespenster dort einfügen. Oder wir lassen die Geister im Keller oder auf dem Dachboden herumspuken – Huhuuuuuuuu!!!

Klassenraumschmuck für das ganze Jahr / Best.-Nr. 11 199

KOHL VERLAG
Der Verlag mit dem Baum
www.kohlverlag.de

F / S / W

Egal ob als Dekoration oder Adventskalender, dieser Nikolaus sieht immer gut aus.

Material

- Tonkarton in Rot, Schwarz, Weiß, Braun und Hautfarben
- dünnes Band
- Bleistift, Schere, Kleber
- schwarzer Filzstift

Arbeitsablauf:

Die benötigten Teile auf den entsprechenden Tonkarton aufmalen und ausschneiden. Das Innenteil des Nikolaus auch entfernen.
Die Ärmel- und Mantelbesätze von vorn und hinten arbeiten. Hierbei die Handschuhe und Stiefel mitfassen.
Anschließend den Bart auf den Kopfteil kleben. Die Nase ebenfalls befestigen und die Augen sowie die Mantelknöpfe mit dem Filzstift aufmalen.
Danach wird der Schnurbart unterhalb der Nase angebracht.

Den Sack aus brauner Pappe arbeiten, mit Flicken und Band verzieren und in den freien Innenraum des heiligen Mannes hängen. Hierbei darauf achten, dass der Sack nicht an den Rändern anstößt.
Zum Schluss die Mütze an der gekennzeichneten Stelle nach hinten umknicken, das Band für die Aufhängung einlegen und die Mütze hinten festkleben.

Tipp:

Man kann diese Nikoläuse auch in einen Adventskalender für die Klasse umwandeln, indem man kleine Säckchen aus Jute oder Stoff näht und diese mit kleinen Präsenten füllt. Ist das Säckchen zu klein, könnte man auch den gesamten Nikolaus etwas größer arbeiten.

Klassenraumschmuck für das ganze Jahr / Best.-Nr. 11 199

KOHL VERLAG
Der Verlag mit dem Baum
www.kohlverlag.de

F / S / W

Weihnachten

Unser Filtertüten-Nikolaus ist schnell gebastelt und passt gut zum Tortenspitzen-Engel aus diesem Buch.

Material

- 1 große weiße Filtertüte
- Tonkarton in Schwarz, Rot, Weiß und Hautfarbe
- 1 Wattepad
- Bleistift, Schere, Kleber
- schwarzer und roter Filzstift
- rote Kreide
- weißer und roter Buntstift

Arbeitsablauf:

Zunächst wird die Filtertüte komplett mit dem roten Buntstift angemalt. Anschließend zeichnen wir die benötigten Teile auf Tonkarton und schneiden sie aus.

Dem Kopf malen wir mit Augen, Mund und Wangen ein freundliches Gesicht auf. Das Wattepad reißen wir oben quer etwas für den Mund ein. Den Bart so aufkleben, dass der Mund durch den Riss zu sehen ist. Die rote Pappnase bekommt einen weißen Lichtpunkt aufgemalt und wird zwischen Augen und Mund befestigt.

Die schwarzen Stiefel kleben wir zwischen den beiden Filtertütenteilen fest. Die Arme bekommen weiße Ärmelbündchen und werden vorn auf dem roten Mantel angebracht.

Nun noch die doppelt gearbeitete Mütze von beiden Seiten am Kopf ankleben und schon ist unser Filtertütenmann fertig.

Tipp:

Man kann die Filtertüte auch mit Farbe rot anmalen, doch dann müsste die Tüte vor der Weiterverarbeitung erst trocknen.

Das Wattepad kann man auch gut 1x durch Auseinanderziehen in der Mitte teilen, somit wird der Bart nicht zu dick. Einfache Watte ist ebenfalls eine Variation für die Gesichtsbehaarung, dabei muss man den Bart selbst formen.

Klassenraumschmuck für das ganze Jahr / Best.-Nr. 11 199

KOHL VERLAG
www.kohlverlag.de

Tortenspitzen-Engel

Diese niedlichen Engel wirken durch das zarte Spitzenmuster besonders zart und edel.

Material

- 1 weiße Tortenspitze
- Tonkarton in Hautfarbe und Braun, in Weiß mit goldenem Sternmuster
- Goldmetallfolie
- goldener Pfeifenputzer
- Bleistift, Schere, Kleber
- roter und schwarzer Filzstift
- rote Kreide oder Buntstift

Arbeitsablauf:

Die Tortenspitze 2x in der Mitte falten, sodass ein Viertelkreis entsteht. Die letzte Faltung wieder öffnen und anschließend jeweils die halbe gerade Faltkante zur senkrechten Falzlinie hin falten. Die beiden Teile festkleben.

Aus dem hautfarbenen Tonkarton das Gesicht und die Hände ausschneiden. Mit den Filzstiften Augen, Nase und Mund aufzeichnen und die Wangen mit der roten Kreide andeuten. Den Kopf nun von vorn auf die obere Spitze des Kleidchens kleben.

Aus dem Sternmusterkarton die Arme ausschneiden und auf der Tortenspitze befestigen, dabei die Hände mit einfügen.

Aus dem braunen Tonkarton die Haare gestalten und von hinten gegen Kopf und Kleid kleben. Aus dem goldenen Pfeifenputzer einen Kreis fertigen und als Heiligenschein über den Kopf schieben und zurechtbiegen.

Zum Schluss werden die Flügel aus der Goldfolie ausgeschnitten und von hinten am Engel angebracht.

Tipp:

Man könnte anstatt der Tortenspitze auch eine Filtertüte anmalen, aber die feine Spitzenstruktur des Tortenpapiers eignet sich besonders gut für die zarten Engelchen. Wir haben den Engel auch in Miniformat aus Tassendeckchen gebastelt. Diese kann man als Blumenstecker an einen Holzspieß kleben. Ich habe goldene Herzen am Stiel aus Weide gekauft und die Engelchen darauf befestigt, ein tolles Weihnachtsgeschenk für die Eltern.

Klassenraumschmuck für das ganze Jahr / Best.-Nr. 11 199

KOHL VERLAG
Der Verlag mit dem Baum
www.kohlverlag.de

F / S / W

Weihnachten

Diese Bastelarbeit dauert durch die Trockenzeiten etwas länger, aber die Arbeit lohnt sich.

Material

- 12 Holzspatel
- rote Farbe
- Tonkarton in Weiß, Rot und Hautfarbe
- weiße Wolle
- Bleistift, Schere, Flüssigkleber
- rote Kreide oder Buntstift
- Locher oder Lochzange
- rotes dünnes Band

Arbeitsablauf:

Zu Beginn dieser Bastelarbeit werden die Holzspatel von beiden Seiten mit der roten Farbe angemalt und getrocknet. Anschließend immer zwei Stäbe im richtigen Winkel (siehe Vorlage) zusammenkleben, ebenfalls gut trocknen lassen.

In der Zwischenzeit die Teile für den Nikolaus auf die entsprechenden Kartonstücke zeichnen und ausschneiden.

Die Mütze von beiden Seiten am Kopf festkleben und von vorn und hinten mit den weißen Mützenumschlägen und Pommeln verschönern.

Nun die rote Pappnase aufkleben sowie Augen und Mund mit dem schwarzen Filzstift aufzeichnen. Die Wangen mit der roten Kreide andeuten.

Die gekennzeichneten Stellen für den Bart mit dem Locher oder der Lochzange ausstanzen. Für den Bart die weiße Wolle in gleichmäßige Stücke schneiden. Je 2 Fäden zusammenlegen, in der Mitte falten und diese Stelle durch ein Loch hindurchstecken. Durch die so entstandene Öse die 4 Wollenden stecken und die Fäden an den Enden strammziehen – schon ist der Bart fest. Bei den anderen Löchern genauso verfahren.

Zum Schluss den Nikolauskopf mit dem roten dünnen Band im Stern befestigen und aus derselben Schnur einen Aufhängefaden anbringen.

Tipp:

Die Löcher erst nach dem Ausschneiden ausstanzen, da viele Kinder den Kopf nicht exakt an den Linien ausschneiden und so die Bartlöcher oft viel zu nah am Rand sind – sie reißen somit leichter aus.

Klassenraumschmuck für das ganze Jahr / Best.-Nr. 11 199

KOHL VERLAG
Der Verlag mit dem Baum
www.kohlverlag.de

Zu Weihnachten darf es glitzern und glänzen. Daher dürfen auch diese CD-Weihnachtskugeln nicht fehlen.

Material

- alte oder Werbe-CDs
- Geschenkpapier oder noch besser glänzende Geschenkfolie
- Bleistift, Schere, Flüssigkleber
- Silber- oder Goldband zum Aufhängen
- Geschenkband in Gold und Silber
- Glitzerpulver oder -kleber
- goldene Aufklebe-sternchen
- weitere glänzende Dekoelemente

Arbeitsablauf:

Je zwei CDs von einer Seite mit der Geschenkfolie bekleben. Anschließend 2 CDs an den unbeklebten Seiten zusammenleimen, dabei ein Stückchen Goldband als Aufhänger mit einfassen. Trocknen lassen.

Die Außenseiten nun mit Teilen aus passender Folie, in der gleichen Farbstellung aber in anderen Mustern, oder mit Aufklebern sowie Glitzerpaste verzieren und gut trocknen lassen.

Zum Schluss eine Schleife aus Geschenkband um den Aufhängefaden binden.

Tipp:

Metallgeschenkfolie macht sich bei dieser Bastelarbeit besonders gut, da sie schon von selbst glänzt, und sie ist in vielen Mustern zu haben. Einfarbige Folien müssen oft mehr verziert werden.

Klassenraumschmuck für das ganze Jahr / Best.-Nr. 11 199

KOHL VERLAG

F / S / W

Weihnachten

Das Rentier des Weihnachtsmannes ist seit Rudolph nicht mehr wegzudenken. Darum hier gleich zwei Versionen – fürs Fenster und als Wandschmuck.

Material

- Tonkarton oder Wellpappe in Weiß und verschiedenen Brauntönen
- Bleistift, Schere, Kleber
- Filzstifte und rote Kreide
- rote Pompons
- braune Fingerfarbe

Arbeitsablauf:

Der Grundschritt ist bei beiden Tieren gleich. Man ummalt einen Fuß als Kopf und schneidet ihn aus. Die Augen, Ohren und das Maul können laut Schablone (Größe nach Fußgröße ausrichten) oder frei Hand gearbeitet werden.

Das Gesicht mit Filzstiften aufmalen, die Wangen mit roter Kreide andeuten. Als Nase dient ein roter Pompon.

Für das Fenster-Rentier die Hände mit brauner Farbe anmalen und über dem Kopf 2 Abdrücke als Geweih an die Scheibe drucken.

Tipp:

Der kopf des Rentiers könnte auch mit einem Fußabdruck gestaltet werden, doch gibt es beim Bemalen und Säubern der Füße viel Schmutz und Unruhe.

Klassenraumschmuck für das ganze Jahr / Best.-Nr. 11 199

 KOHL VERLAG

www.kohlverlag.de

Weihnachten

Der Nikolaus aus einer Shampooflasche ist eine schöne Sache für die Fensterbank oder ein Regal in der Klasse. Mit etwas Dekomaterial wie Tannenzweigen, Watte oder Styropor kann man ihm ein weihnachtliches Umfeld geben.

Material

- leere Shampooflasche
- Sand
- rotes ,dünnes Papier wie z.B. Seidenpapier oder Servietten
- Tonpapier in Weiß, Schwarz, Braun und Hautfarben
- Tapetenkleister
- dickeres doppelseitiges Klebeband
- Bleistift, Schere, Kleber
- schwarzer und roter Filzstift
- rote Kreide

Arbeitsablauf:

Zu Beginn die Shampooflasche mit etwas Sand füllen, damit wird die Standfestigkeit gesichert. Anschließend reißen wir das rote Papier in kleine Schnipsel und bekleben den Behälter komplett damit. Zum Schluss mit den Fingern eine Schicht Kleister über das Papier streichen, damit keine Ecken mehr abstehen. Die Arbeit trocknen lassen.
Die benötigten Teile auf das entsprechende Tonpapier aufzeichnen und ausschneiden. Den Bart auf das Gesicht kleben und Augen und Wangen aufmalen. Die rote Pappnase im Gesicht anbringen und danach die Mütze von hinten an den Kopf kleben. Nun noch den Bommel an die Mützenspitze und schon kann der Nikolauskopf am oberen Ende der Shampooflasche angebracht werden. Dies geschieht am besten mit dickerem doppelseitigem Klebeband. Handschuhe und Ärmelbündchen sowie den braunen Sack vorne am Nikolaus befestigen.

Tipp:

Drückt man den Weihnachtsmännern einen kleinen Jute- oder Stoffsack in die Hand, kann man diese auch prima als Adventskalender einsetzen.

7 Buntes Windlicht

Weihnachten

In der Vorweihnachtszeit ist es besonders gemütlich und stimmungsvoll, wenn jeder Schüler am Beginn des Schultages sein eigenes Kerzenlicht auf seinem Tisch stehen hat. Das ist natürlich abhängig vom Verhalten der einzelnen Kinder. Durch die hohen Marmeladengläser ist ein Spielen mit der Flamme aber nicht so einfach möglich.

Material

- Marmeladenglas
- Weihnachtsservietten mit kleinen Motiven
- Tapetenkleister
- Schere
- evtl. Pinsel
- Geschenkband

Arbeitsablauf:

Zuerst werden kleine Motive aus der Serviette ausgeschnitten. Anschließend wird die obere bunte Schicht von den kleinen Teilen gelöst, denn nur diese werden benötigt. Nun streicht man das Marmeladenglas rundum mit Kleister ein und legt dann nach und nach die Serviettenausschnitte darauf. Diese vorsichtig, am besten mit dem Finger, glatt streichen.

Ist das Glas vollständig mit Motiven bedeckt, wird nochmals eine Schicht Tapetenkleister über das ganze Gefäß gestrichen. Somit stehen keine Ecken mehr ab und die Serviettenmotive haben einen guten Schutz.

Sind die Gläser dann getrocknet, wird ein Stück Geschenkband um den oberen Rand gelegt und verknotet oder zur Schleife gebunden. Jetzt noch ein Teelicht hineinstellen und die weihnachtliche Beleuchtung ist fertig.

Tipp:

Besonders gut sind Servietten mit verschieden bedruckten kleinen Vierecken geeignet. Diese kann man dicht an dicht kleben und es bleiben keine kahlen Stellen auf dem Glas.

Beim Geschenkband darauf achten, dass es nicht oben über der Glasöffnung hängt – Brandgefahr!

Bei offenen Flammen in der Klasse immer einen Eimer Löschwasser bereitstellen.

Klassenraumschmuck für das ganze Jahr / Best.-Nr. 11 199 · KOHL VERLAG · www.kohlverlag.de

Weihnachten

Auf den ersten Blick sehen diese Engel einfach aus – sind sie auch. Aber man kann viel mehr aus ihnen machen…

Material

- Tonkarton in Weiß, Gelb und Hautfarben
- Goldfolie
- Bleistift, Schere, Kleber
- Buntstifte
- Gelstifte
- Goldstift
- Aufkleber
- Glitzerpaste

Arbeitsablauf:

Die Teile für den Engel aufzeichnen und ausschneiden.
Das Gesicht auf dem Haar fixieren und dann beide Teile oben auf den Körper kleben.
Mit den Buntstiften Augen, Nase und Mund aufmalen.
Die Flügel aus der Goldfolie arbeiten und von hinten an dem Engel anbringen.
Die weißen Kleider der Himmelsbewohner können nun mit Gold- und Glitzerstiften verziert werden. Auch goldene Sternchenaufkleber oder Muster aus Glitzerpaste sehen toll aus.

Tipp:

Diese Engelchen sind schnell gemacht und doch sehen sie alle unterschiedlich aus, wenn man den Kindern freie Entfaltungsmöglichkeiten lässt.
Farben und Verzierungen lassen sich jederzeit variieren.

Klassenraumschmuck für das ganze Jahr / Best.-Nr. 11 199

KOHL VERLAG
www.kohlverlag.de

Um den Überblick über alle Geburtstage der Schüler einer Klasse zu behalten, ist ein Geburtstagskalender eine tolle und hilfreiche Sache. Hier sind zwei Beispiele, die die Kinder selber gestalten können.

Geburtstagsraupe

Material

- Tonkarton in verschiedenen Farben
- Bleistift, Schere, Kleber
- Filzstift in Schwarz
- rote Kreide oder Buntstift
- Fotos der Kinder

Arbeitsablauf:

Zuerst die benötigten Teile auf den Tonkarton zeichnen und ausschneiden. Man braucht 12 Kreise für den Körper, 12 Beine und 1 Kopf. Die Körperteile werden mit den Beinen ergänzt und anschließend mit dem Kopf zu einer Raupe zusammengeklebt.
Die Augen, den Mund und die Haare auf dem Gesicht fixieren. Die Nase und die Konturen mit schwarzem Filzstift aufmalen und die Wangen mit der Kreide andeuten
Auf jeden der 12 Kreise wird nun mit dem schwarzen Filzstift ein Monatsname geschrieben. Darunter werden jeweils die Fotos der Kinder angebracht, die in diesem Monat Geburtstag haben. Unter jedes Bild werden der Geburtstag und der Name des Kindes vermerkt.

Tipp:

Vielleicht können ja die Kinder, die im selben Monat Geburtstag feiern, gemeinsam ihren Raupenkörperkreis basteln.

Klassenraumschmuck für das ganze Jahr / Best.-Nr. 11 199

www.kohlverlag.de

Sonstiges

Geburtstagsstadt

Material

- Tonkarton und -papier in verschiedenen Farben
- Bleistift, Schere, Kleber
- bunte Filzstifte
- Fotos der Kinder

Arbeitsablauf:

Um jeden Monat des Jahres abzudecken, werden 12 Häuser für die Geburtstagsstadt benötigt. Bei diesem Projekt gibt es keine Vorlagen, so können die Kinder „ihr" Haus ganz frei und ohne Vorgaben gestalten. So könnte auch eine Kirche oder ein Hochhaus unsere kleine Stadt ergänzen.

Die Grundform auf den Tonkarton zeichnen und ausschneiden. Fenster aufmalen und so viele aus dem Haus herausschneiden, wie Fotos eingeklebt werden. Dächer, Rollläden und Türen anfertigen und auf das Grundmodell aufkleben. Anschließend die Gebäude mit Stiften verschönern, z.B. Blumenkästen usw. aufmalen.

Die Fotos der Kinder werden von hinten in die Fensteröffnungen geklebt.

Mit einem schwarzen Filzstift Name und Geburtstag unter die Fotografien schreiben. Der Monatsnamen kommt etwas größer auf das Dach oder eine freie Fläche an den Gebäuden.

Tipp:

Auch hier basteln mehrere Kinder gemeinsam an einem Gebäude, „ihrem" Geburtstagshaus.

Klassenraumschmuck für das ganze Jahr / Best.-Nr. 11 199

KOHL VERLAG
Der Verlag mit dem Baum
www.kohlverlag.de

Was so alles in den Köpfen der Kinder steckt ist interessant – und als Geburtstagskalender kann man diese Arbeit auch gut verwenden.

Material

- weißes Zeichenpapier in DIN A3
- Bleistift, Schere
- Malerkrepp
- Stifte, Farben
- Kataloge, Illustrierte
- helle Halogenleuchte

Arbeitsablauf:

Das weiße Papier mit Malerkrepp an einer freien Stelle der Wand befestigen, ein Kind mit dem Profil direkt davor setzen und den Kopf mit der Lampe anstrahlen. Umrisse mit dem Bleistift auf das Zeichenpapier übertragen. Dann das Papier von der Wand abnehmen und ausschneiden.

Nun soll der Kopf gestaltet werden. Name, Geburtstag, Hobbies und andere interessante Daten sollen hier eingetragen werden. Einerseits könnte man den Kopf mit Farben bunt anmalen und die Daten mit z.B. schwarzem Filzstift aufschreiben.

Man kann auch passende Bilder malen oder aus Zeitschriften ausschneiden und aufkleben.

Jeder gestaltet so nach eigener Fantasie seinen Kopf. Die Köpfe können anschließend an der Klassenraumwand befestigt werden und sogar als Geburtstagskalender dienen.

Tipp:

Die Schattenköpfe können auch zu anderen Themen benutzt werden; so kann z.B. jeder Schüler sein Lieblingsbuch damit vorstellen.

Klassenraumschmuck für das ganze Jahr / Best.-Nr. 11 199

KOHL VERLAG
Der Verlag mit dem Baum
www.kohlverlag.de

Sicher hat jeder Schüler während seiner Schulzeit mal Ärger mit anderen Schülern oder sonstige Probleme. Für die Kinder, die nicht so frei über diese Dinge sprechen können, ist ein Kummerkasten, der in der Klasse aufgestellt wird, sinnvoll.

Material

- Pappkarton mit losem Deckel
- buntes Papier, z.B. Geschenkpapier oder Klebefolie
- Bleistift, Schere, Cuttermesser, Kleber
- Kummerkasten-Ausdruck
- Laminierfolie und -gerät

Arbeitsablauf:

Zuerst werden Karton Unter- und Oberteil mit Papier oder Folie rundherum beklebt. Anschließend mit dem Cuttermesser einen Schlitz für die Briefe in den Deckel schneiden. Den Kummerkasten-Zettel ausdrucken und ausschneiden. Dann das Papier einlaminieren und auf den Kartondeckel aufkleben.
Der Kummerkasten kann nun in der Klasse aufgestellt werden. Sitzt der Deckel ziemlich fest auf dem Karton, so kann man das Unterteil auch an der Wand befestigen und den Deckel dann aufstecken.

Tipp:

Diese Anleitung ist nur eine der vielen Möglichkeiten, einen Kummerkasten zu gestalten. Vielleicht basteln Sie ja solch einen Briefkasten mit den Kindern zusammen.

Klassenraumschmuck für das ganze Jahr / Best.-Nr. 11 199

KOHL VERLAG
Der Verlag mit dem Baum
www.kohlverlag.de

Immer wieder wird vergessen, wer wann welchen Dienst zu erledigen hat.
Das hat jetzt mit dem Kassendienstplan ein Ende!

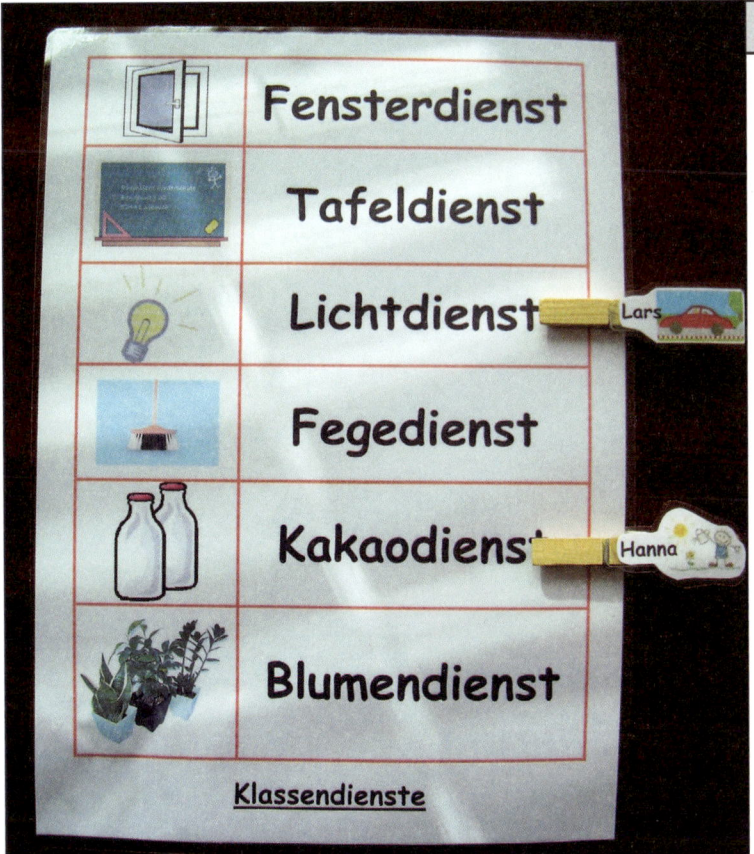

Material
Kopie vom Klassendienstplan
Laminierfolie und -gerät
Lochzange
Hammer und 2 Nägel
Bleistift, Schere, Kleber
Holzwäscheklammern
weißes Tonpapier
Filz- oder Buntstifte

Arbeitsablauf:

Den Klassendienstplan fotokopieren und einlaminieren. An der oberen Seite des Plans mit der Lochzange zwei Löcher als Aufhängung machen und mit zwei Nägeln an der Wand befestigen.

Anschließend bekommt jeder Schüler ein Stück weißes Papier der Größe 2x5 cm. Dieses Papier soll jeder selbst mit seinem Namen beschriften und nach eigenen Ideen gestalten. Sind die Schilder fertig, werden sie einlaminiert, nochmals ausgeschnitten und auf eine Holzwäscheklammer geklebt.

Je nachdem, welcher Schüler welche Aufgabe der Klassendienste übernimmt, soll dieses Kind „seine" Namensklammer an der richtigen Stelle am Klassendienstplan anklemmen.

Tipp:

Es wäre ratsam, für die restlichen Klammern ein Körbchen oder eine bunte Schachtel zu besorgen, damit die nicht gebrauchten Klammern einen sicheren Platz haben.

Klassenraumschmuck für das ganze Jahr / Best.-Nr. 11 199

KOHL VERLAG
Der Verlag mit dem Baum
www.kohlverlag.de

Sonstiges

Der Jahresring ist ein Raumschmuck für das ganze Jahr. Die Bastelarbeiten, die daran befestigt sind, können jederzeit ausgetauscht werden. Es ist nicht nur eine schöne Dekoration für den Klassenraum, sondern er kann in größerem Rahmen auch im Flur oder der Pausenhalle aufgehängt werden.

Material

- 1 Ring aus Holz oder Kunststoff, z.B. ein Hula-Hup-Reifen

- Krepppapier in Weiß, Hellgrün, Hellblau und Orange

- Schere, Kleber, Tesastreifen

- Feste Schnur, z.B. Paketband

Arbeitsablauf:

Der Ring wird zunächst in vier gleiche Teile geteilt und die Felder werden markiert. Anschließend das Krepppapier in ca. 3 cm breite Streifen schneiden. Mit den Papierstücken jeweils die Felder umwickeln: Weiß für den Winter, Hellgrün für den Frühling, der Sommer bekommt Hellblau und Orange ist für den Herbst gedacht. Die Papierbandenden jeweils gut festkleben, eventuell mit Tesastreifen.

Nun werden vier gleich lange Schnüre an den vier Übergangsstellen am Ring festgebunden. Die Länge der Paketbänder richtet sich nach der Deckenhöhe. Oben werden die vier Schnurenden miteinander verknotet.

Jetzt geht es an die Dekoration. Für jede Jahreszeit werden nun typische Bastelarbeiten angefertigt, die an das entsprechende Farbfeld am Jahresring befestigt werden. So kann man für den Winter die kleinen Vogelhäuschen aus diesem Buch arbeiten, die Winterkinder basteln oder die Handschuhe aus buntem Tonpapier. Der Frühling kann mit den Tulpen gestaltet werden oder auch die Wäscheklammerschmetterlinge sehen hier toll aus. Eine Segelbootarmada zeigt den Sommer und im Herbst bieten sich die Blättermännchen an. Zwischenräume können mit einfachen Dingen wie Styroporflocken, bemalten Ostereiern oder Laubblättern aufgefüllt werden.

Es gibt noch so viele Bastelideen, lassen Sie sich von der Fantasie und Kreativität Ihrer Kinder beflügeln.

Tipp:

Man kann anstatt des einen Reifens auch vier Ringe nehmen und für jede Jahreszeit einen eigenen schmücken.

Klassenraumschmuck für das ganze Jahr / Best.-Nr. 11 199

KOHL VERLAG
www.kohlverlag.de

S

Die Buchstaben-Leine ist eine tolle Sache für die erste Klasse. Jeder neue Buchstabe wird gebastelt und an die Leine gehängt. So bekommen die Kinder, durch die Motive unterstützt, einen besseren Bezug zu den Schriftzeichen.

Material
• Tonkarton in verschiedenen Farben
• Tonpapier in verschiedenen Farben
• Band
• Bleistift, Schere, Kleber

Arbeitsablauf:

Zuerst wird der Buchstabe auf Tonkarton aufgezeichnet und ausgeschnitten. Vorlagen hierzu gibt es in großer Vielfalt im Internet.

Anschließend kann sich jedes Kind für seinen Buchstaben ein Motiv ausdenken, das mit dem jeweiligen Buchstaben beginnt, z.B. Apfel für A, Baum für B usw..

Aus Tonpapier werden nun die verschiedenen Modelle gestaltet und zum Schluss auf den passenden Buchstaben geklebt.

Sind die Arbeiten fertig gestellt, hängt man sie mittels eines Fadens an einer Leine im Klassenraum auf. Natürlich können sie auch am Fenster oder an der Wand angebracht werden.

Tipp:

Man kann den Kindern auch Schablonen für die einzelnen Modelle anbieten. Dadurch sind die Schüler aber von der Auswahl abhängig und in der Fantasie eingeschränkt.

Es ist ja auch interessanter, wenn zu einem Buchstaben verschiedene Motive gefunden und gestaltet werden.

Klassenraumschmuck für das ganze Jahr / Best.-Nr. 11 199

KOHL VERLAG
Der Verlag mit dem Baum
www.kohlverlag.de

W

Sonstiges

Dieses Schulhaus habe ich mit den Betreuungskindern gebastelt, als Symbol der Gruppenzugehörigkeit. Ich denke, es wäre auch eine tolle Arbeit für eine Klassengemeinschaft.

Material

- Tonkarton und -papier in verschiedenen Farben
- Bunt- oder Filzstifte
- weißer Buntstift
- schwarzer Filzstift
- Bleistift, Schere, Kleber
- Vorlagen für die Figuren

Arbeitsablauf:

Jeder Schüler bekommt einen Vordruck, den er mit Bunt- oder Filzstiften so anmalt, wie er selbst aussieht: Also z.B. blondes langes Haar, Brille, trägt gern Kleider usw.. Später die Figur ausschneiden.

Anschließend wird noch aus braunem und schwarzem Tonpapier eine kleine Schultafel gebastelt. Mit dem weißen Buntstift Linien ziehen und den Namen des Kindes draufschreiben. Die fertige Tafel der Figur „in die Hand" geben.

Das Schulgebäude ist aus ganzen Tonkartonblättern zusammengeklebt worden, die Anzahl richtet sich nach der Schülerzahl der Klasse.

Das Dach wird aus dem gleichen Material gestaltet und mit schwarzem Filzstift bekommt es Dachpfannen aufgemalt.

Ein Schild mit dem Klassennamen oben auf dem Haus komplettiert die Bastelarbeit.

Tipp:

Diese Arbeit kann man auch gut von außen an der Klassenzimmertür befestigen. So kann jeder sehen, welche Klasse in diesem Raum lernt und wer dazu gehört. Schön ist es ebenfalls, wenn auch die Lehrkraft ihr Double gestaltet und mit auf das Bild klebt.

Klassenraumschmuck für das ganze Jahr / Best.-Nr. 11 199

KOHL VERLAG
Der Verlag mit dem Baum
www.kohlverlag.de

Gerade bei einer neuen Klasse oder wenn man Vertretungsstunden geben muss, stellen das Merken der Namen der Kinder oft ein Problem dar. Diese tollen Schilder schaffen schnell Abhilfe.

Material

- weißes Papier
- Papier mit Rechenkästchen
- Bleistift, Schere
- Buntstifte oder Filzschreiber
- Laminierfolie und -gerät

Arbeitsablauf:

Jeder Schüler bekommt ein Blatt Papier mit Rechenkästchen und erstellt darauf einen Entwurf seines Vornamens. Als Anregung kann man Fotos von Graffitizeichnungen auslegen.

Anschließend wird die Zeichnung auf das weiße Papier übertragen.

Die einzelnen Buchstaben nun mit den bunten Stiften colorieren. Die Farben sollen aber miteinander harmonieren.

Ist der Schriftzug fertig, wird er ausgeschnitten und mit der Folie einlaminiert. Die Arbeit eventuell zwischen zwei dicken Büchern auskühlen lassen.

Nun muss der Name noch ausgeschnitten werden, dabei genug Rand von der Folie stehen lassen, damit diese zusammen bleibt.

Das Namensschild wird nun mit Klebstreifen vorn am Tisch des Kindes befestigt.

Tipp:

Natürlich können auch alle anderen Kunstrichtungen gewählt werden. Die Kinder können hier zeigen, wie viel Kreativität in ihnen steckt.

Klassenraumschmuck für das ganze Jahr / Best.-Nr. 11 199

KOHL VERLAG
www.kohlverlag.de

Papier oder Farbe

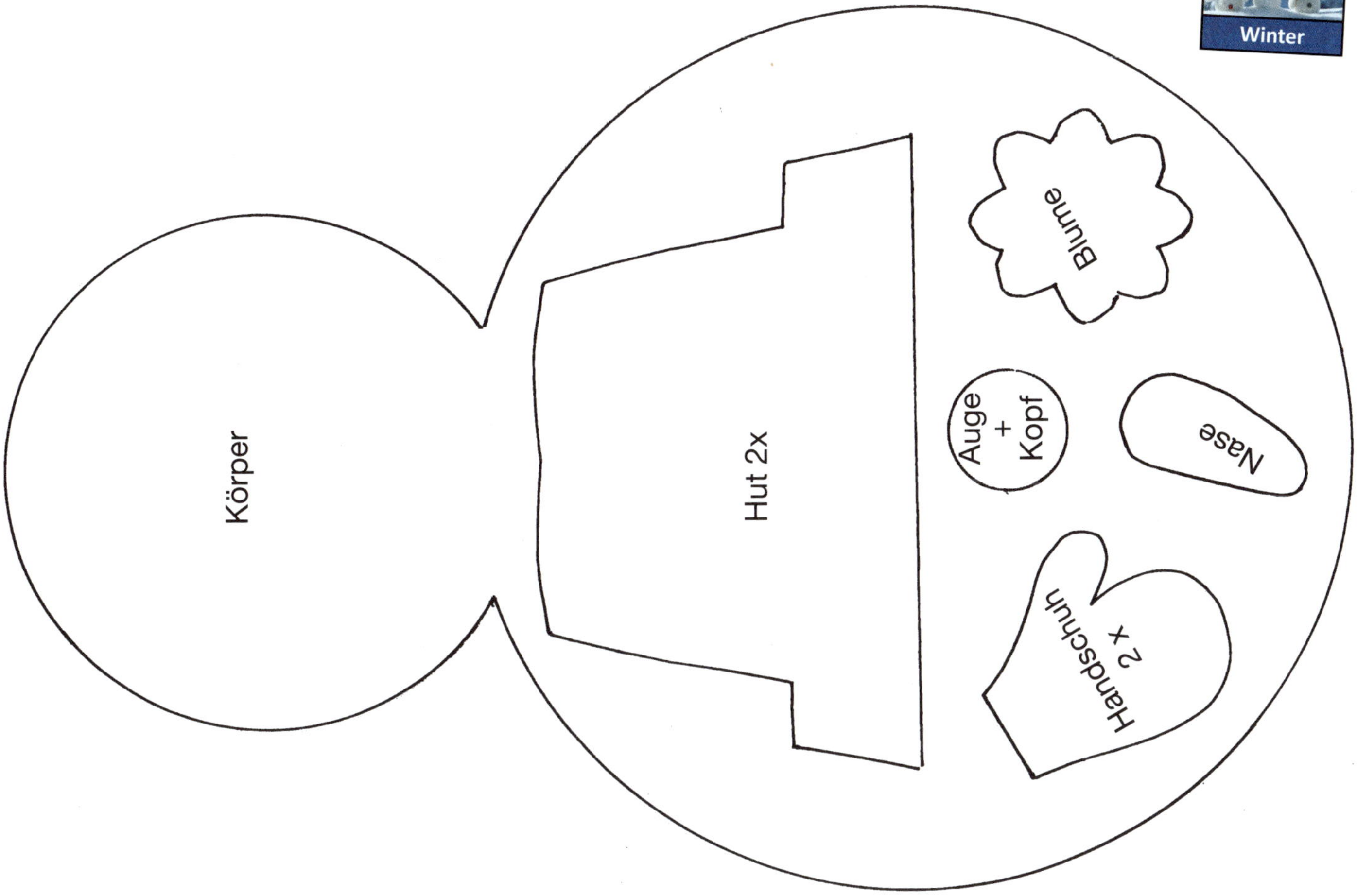

Winter

Körper

Hut 2x

Blume

Auge
+
Kopf

Nase

Handschuh
2 x

Wir werden immer größer ... Pinguin

Winter

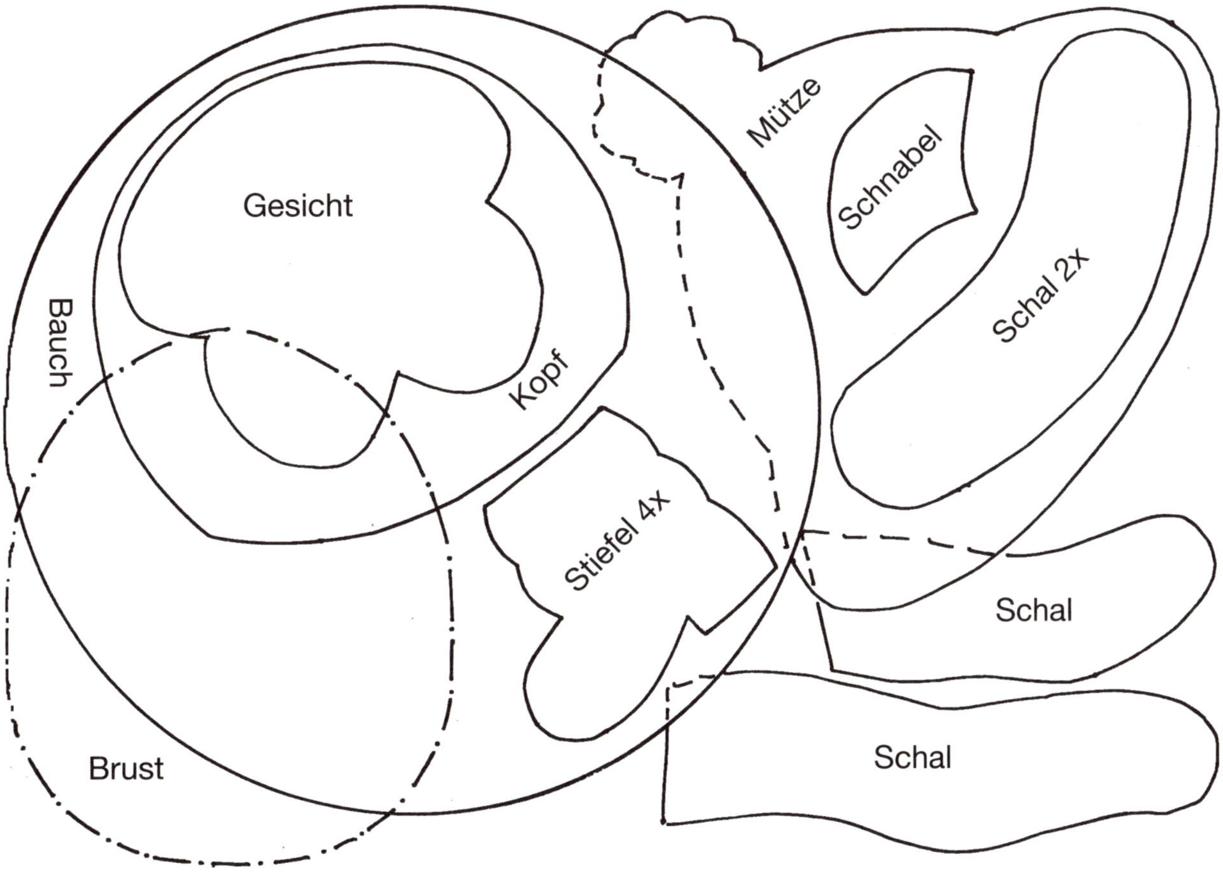

Gesicht

Bauch

Kopf

Mütze

Schnabel

Schal 2x

Stiefel 4x

Schal

Brust

Schal

KOHL VERLAG
www.kohlverlag.de
Klassenraumschmuck für das ganze Jahr / Best.-Nr. 11 199

81

Wir werden immer größer ... Schneemann

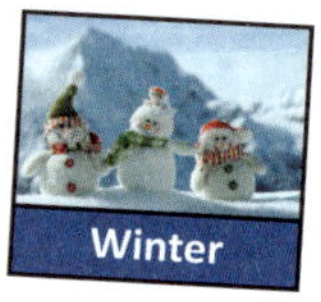

Winter

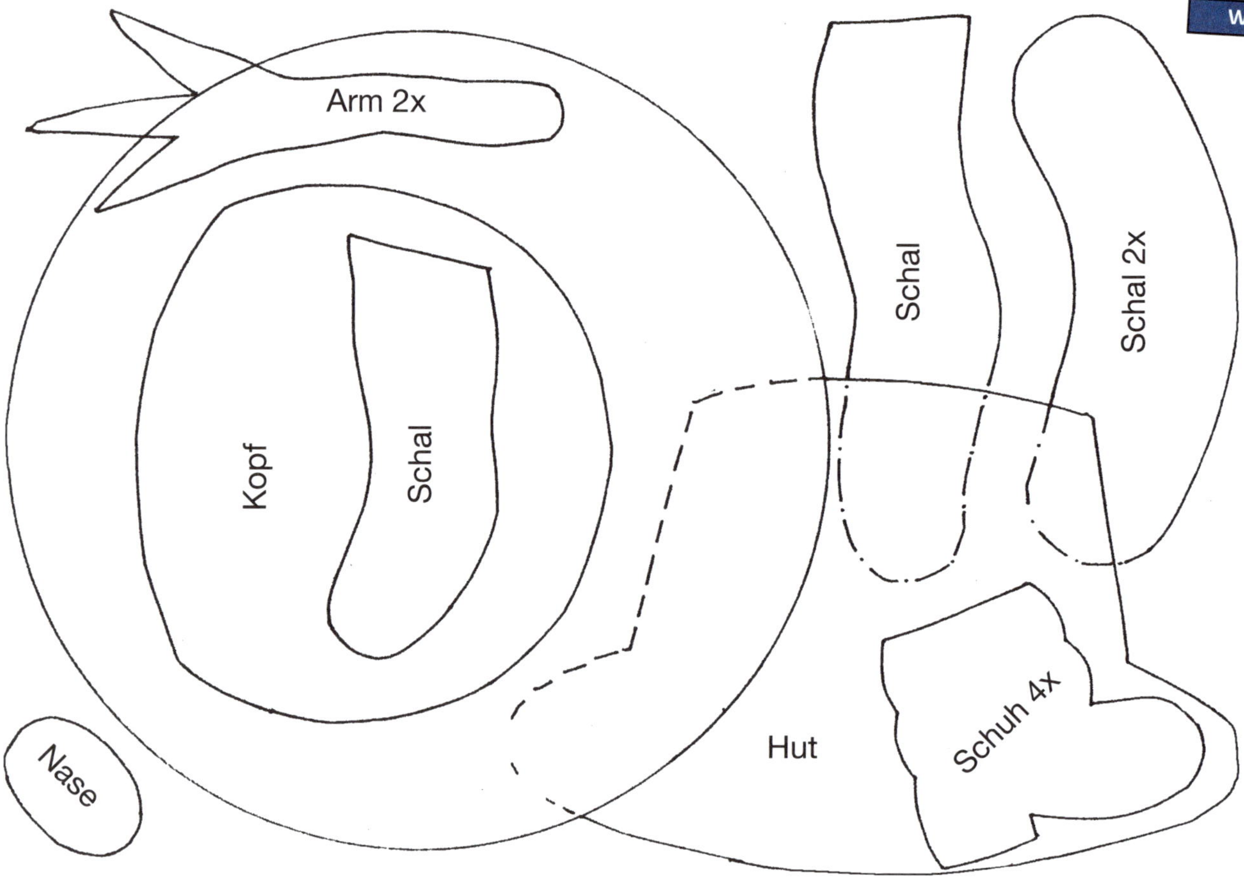

Arm 2x

Kopf

Schal

Schal

Schal 2x

Nase

Hut

Schuh 4x

Schneemann mit Schlenkerbeinen

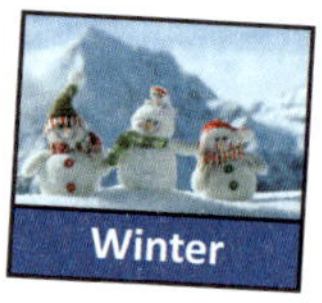

Winter

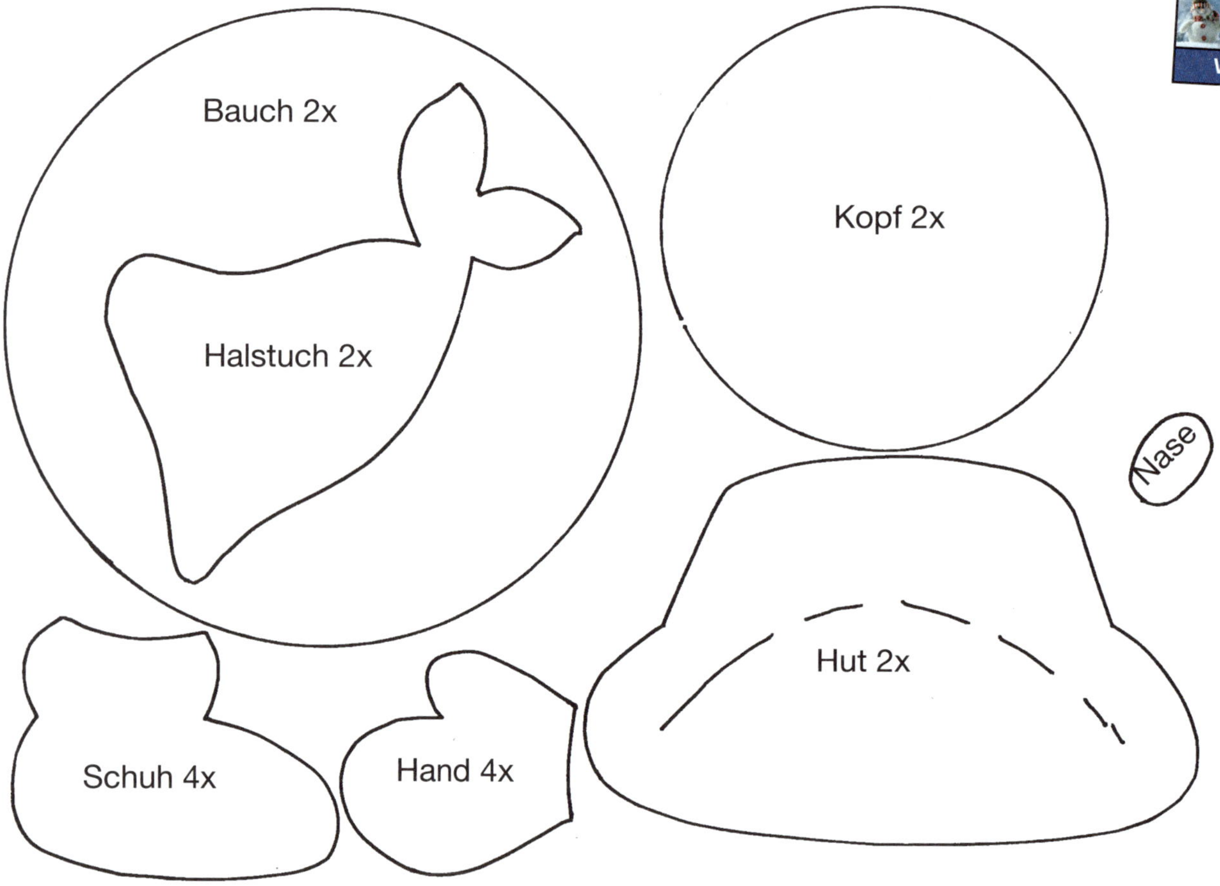

Bauch 2x

Halstuch 2x

Kopf 2x

Nase

Hut 2x

Schuh 4x

Hand 4x

Klassenraumschmuck für das ganze Jahr / Best.-Nr. 11 199

KOHL VERLAG

Watteschneemann

Winter

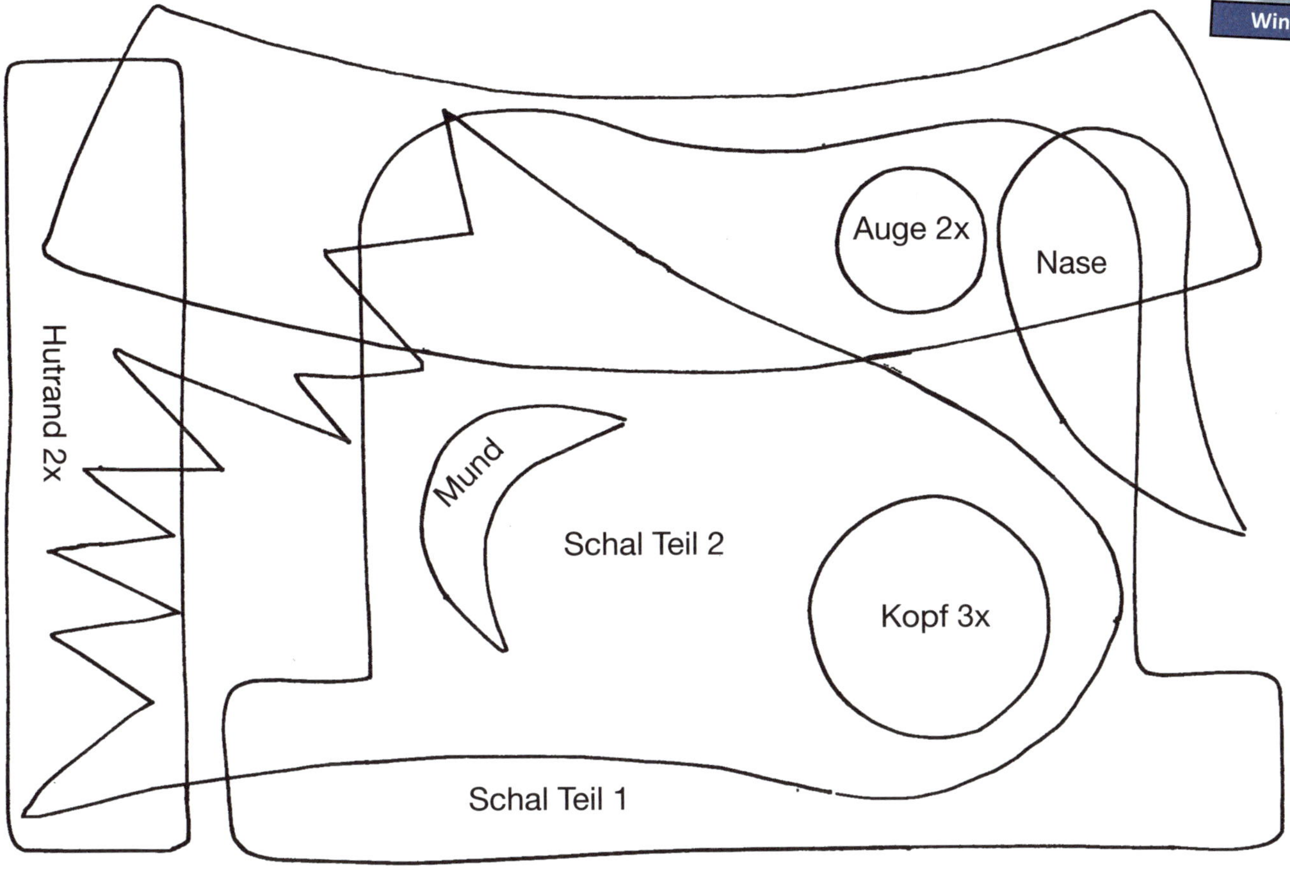

Hutrand 2x

Auge 2x

Nase

Mund

Schal Teil 2

Kopf 3x

Schal Teil 1

Eskimo

Winter

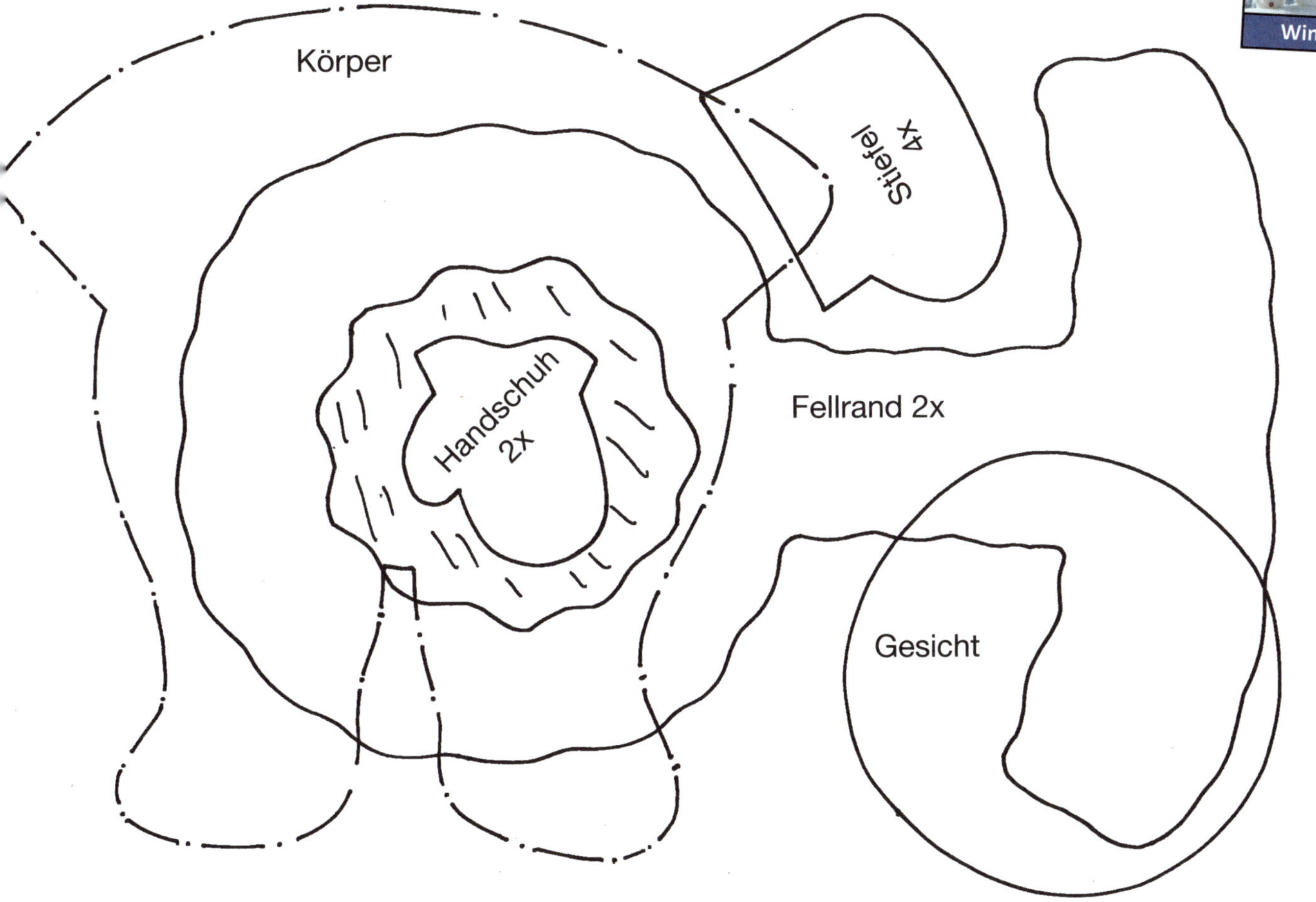

Körper

Stiefel 4x

Handschuh 2x

Fellrand 2x

Gesicht

Klassenraumschmuck für das ganze Jahr / Best.-Nr. 11 199

KOHL VERLAG
Der Verlag mit dem Baum
www.kohlverlag.de

Winterkind

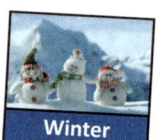

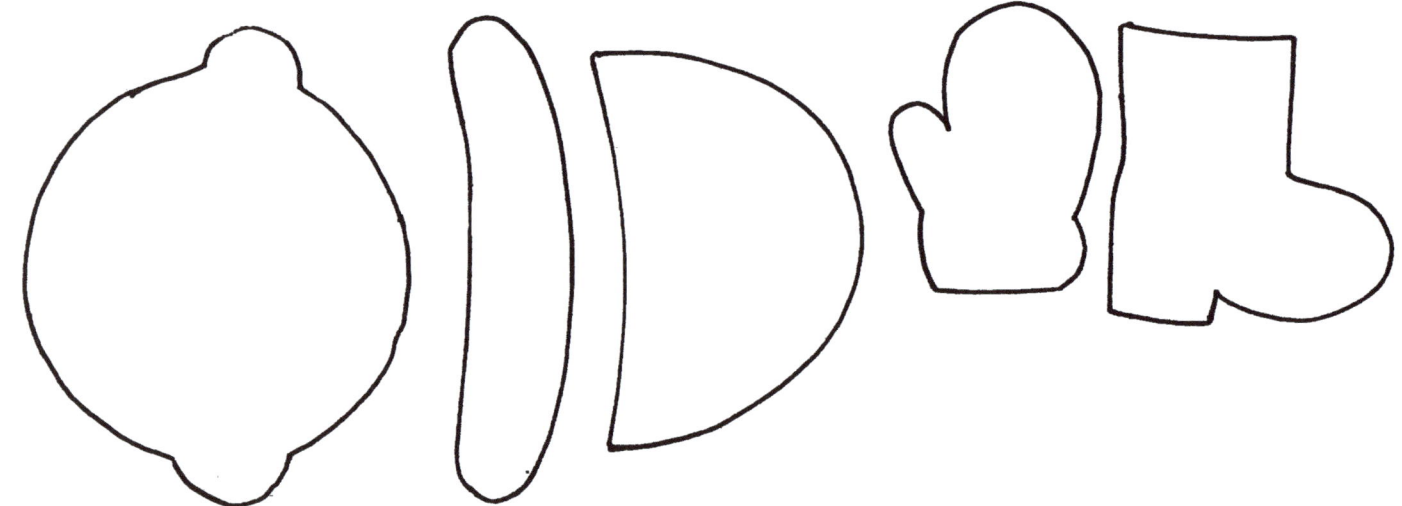

Mollig warm

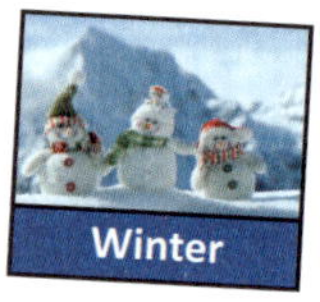

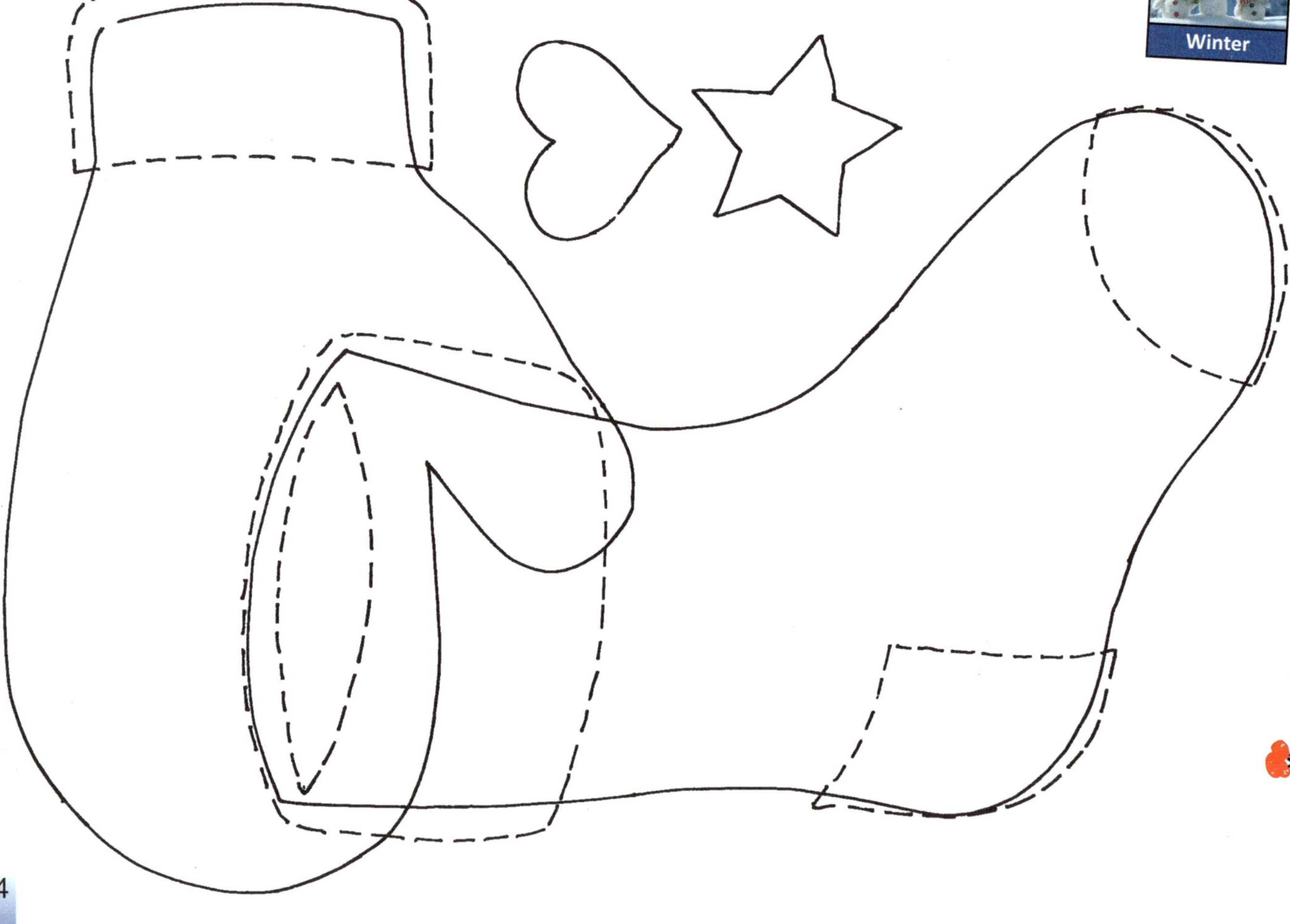

KOHL VERLAG Der Verlag mit dem Baum
Klassenraumschmuck für das ganze Jahr / Best.-Nr. 11 199

Faschingsgirlanden

Fasching

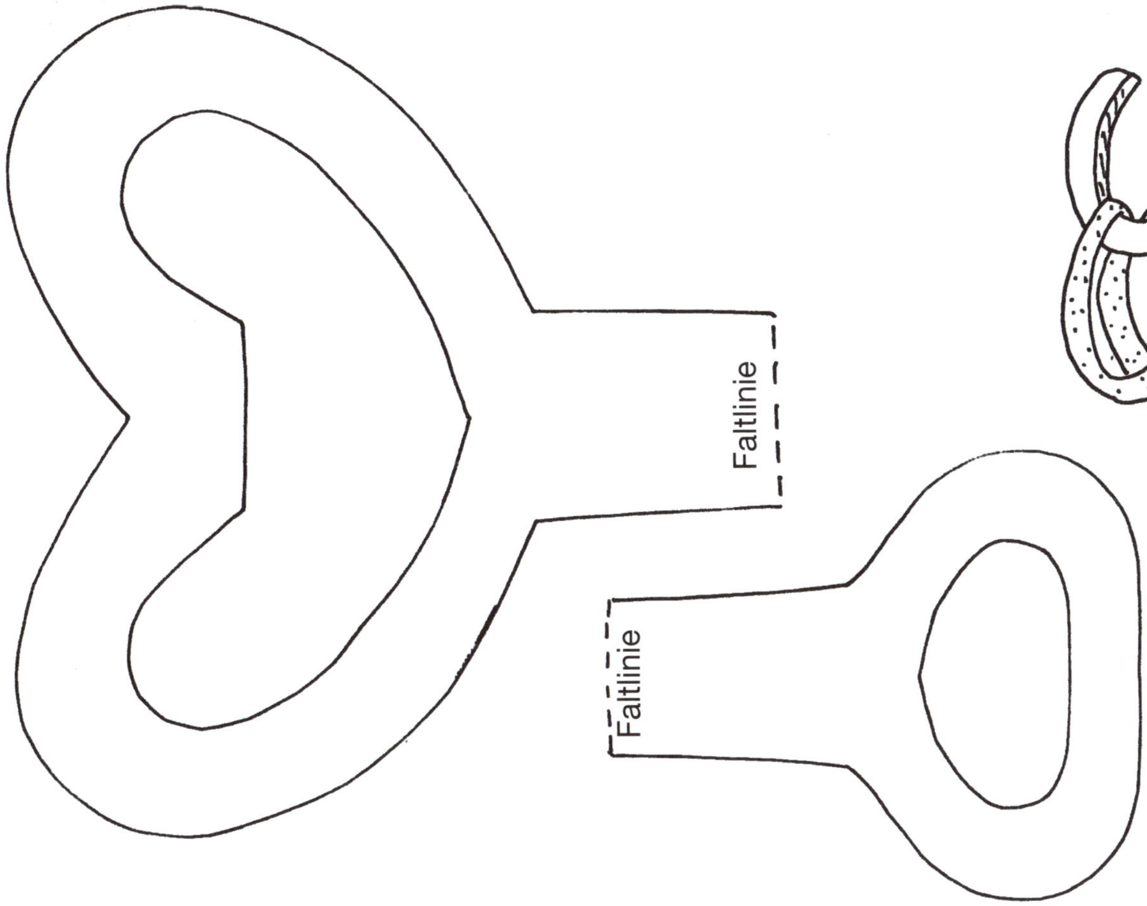

Faltlinie

Faltlinie

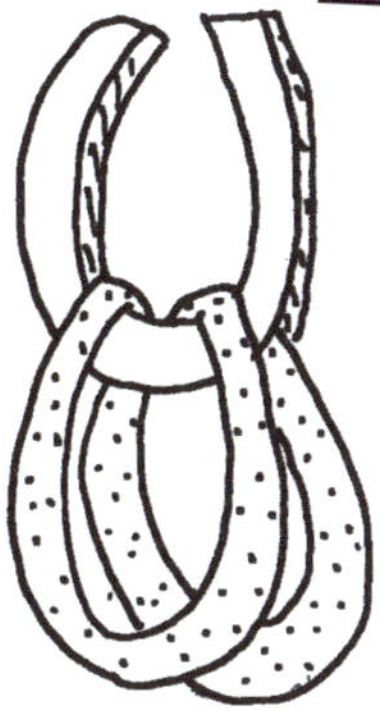

CD-Clown

Fasching

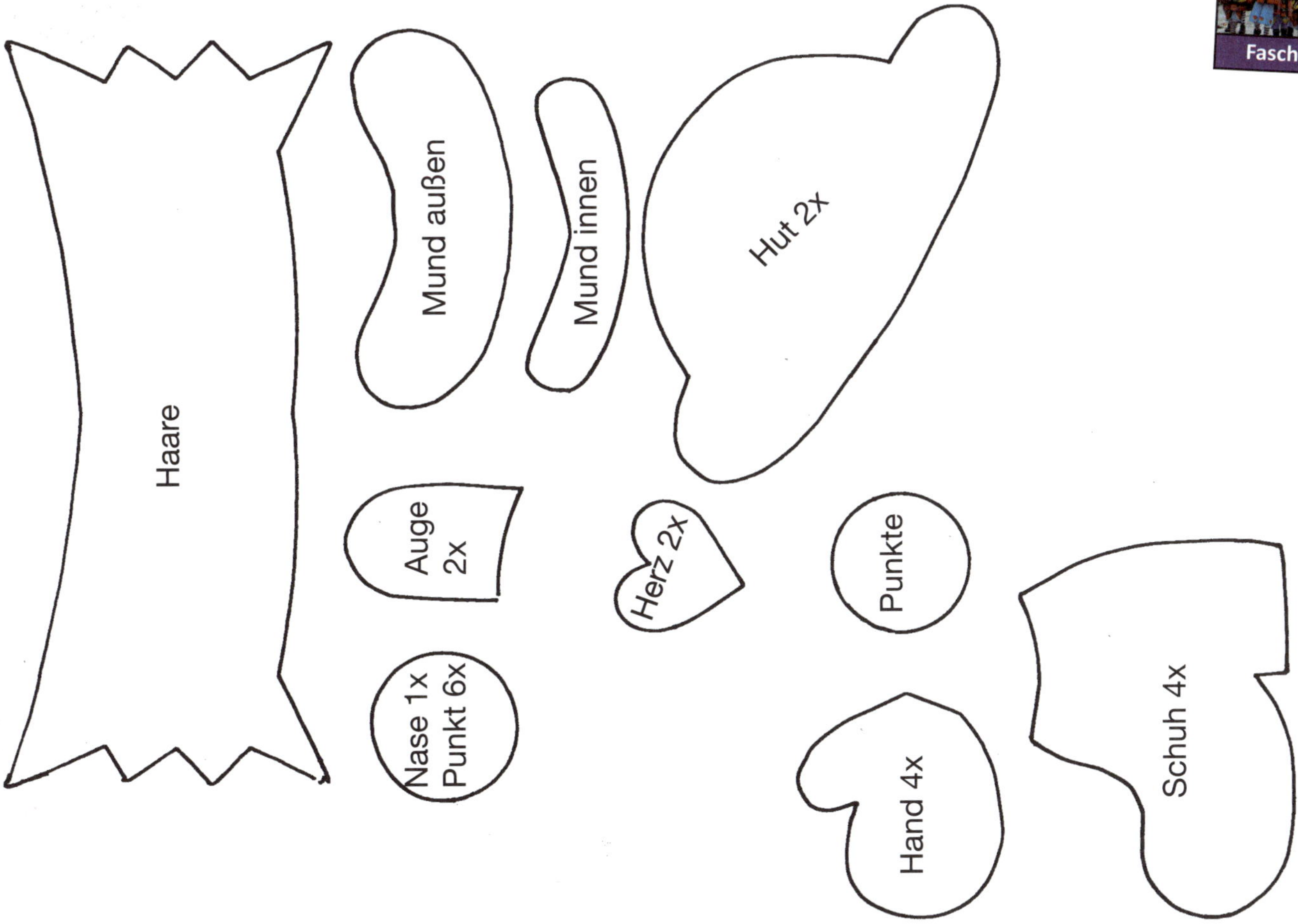

Haare

Mund außen

Mund innen

Hut 2x

Auge
2x

Herz 2x

Punkte

Nase 1x
Punkt 6x

Hand 4x

Schuh 4x

Klassenraumschmuck für das ganze Jahr / Best.-Nr. 11 199

KOHL VERLAG
www.kohlverlag.de

Riesenbonbons

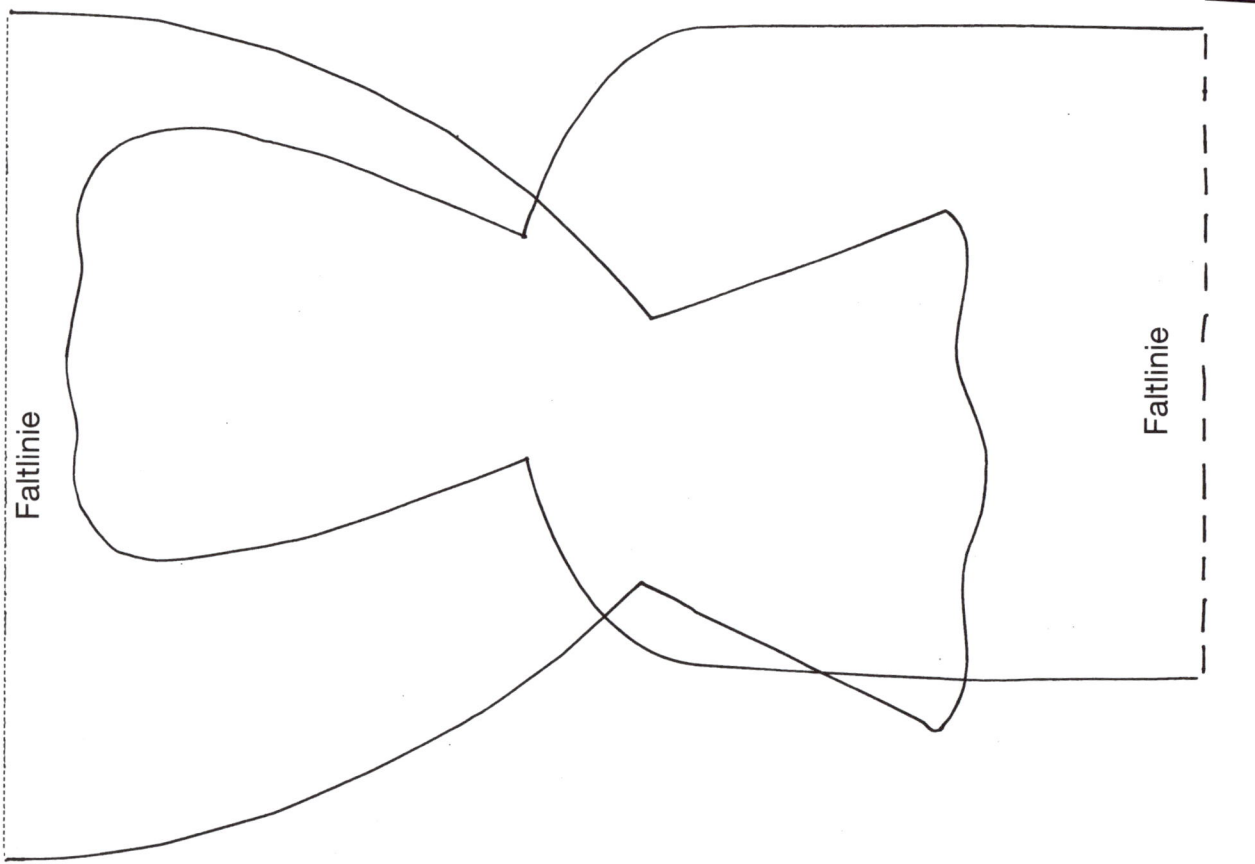

Faltlinie

Faltlinie

Luftballonmännchen

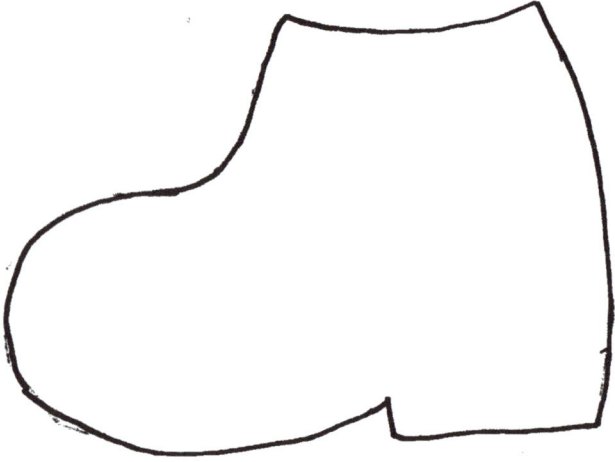

Klassenraumschmuck für das ganze Jahr / Best.-Nr. 11 199

Großer Clown

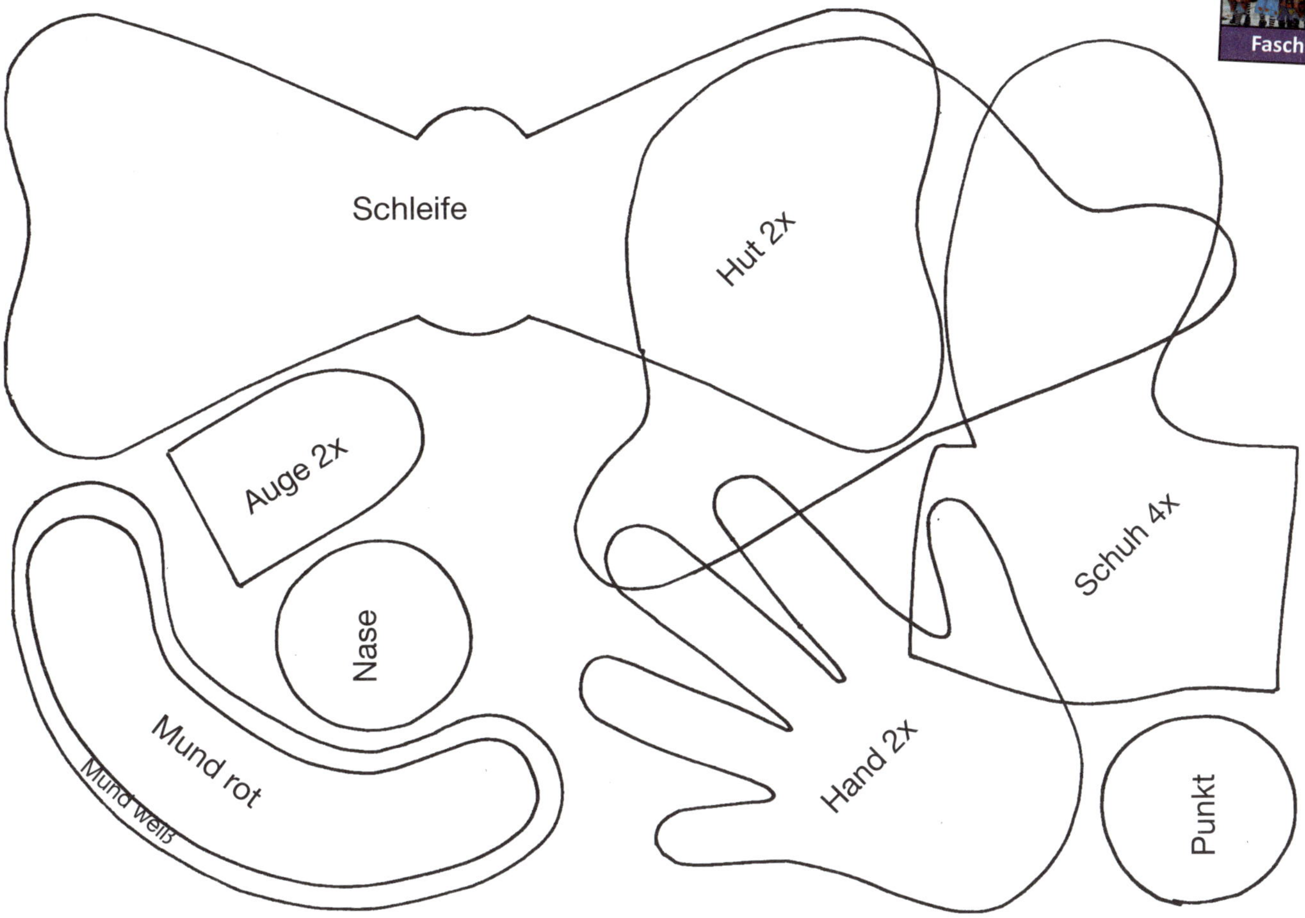

Schleife

Hut 2x

Auge 2x

Nase

Mund rot

Mund weiß

Hand 2x

Schuh 4x

Punkt

Kopf mit Maske

Auf DIN A3 vergrößern

KOHL VERLAG   www.kohlverlag.de   Klassenraumschmuck für das ganze Jahr / Best.-Nr. 11 199

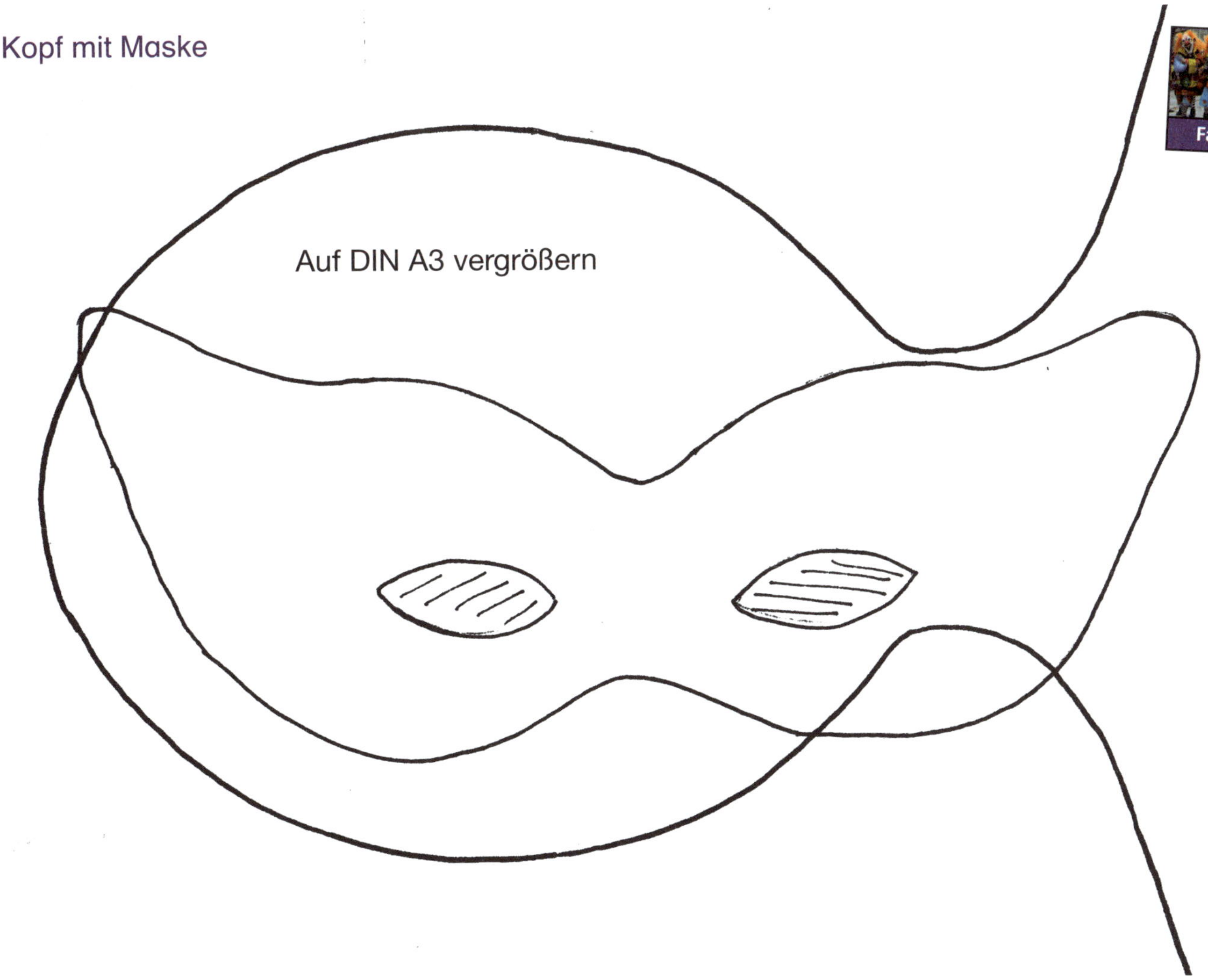

Bunte Raupe

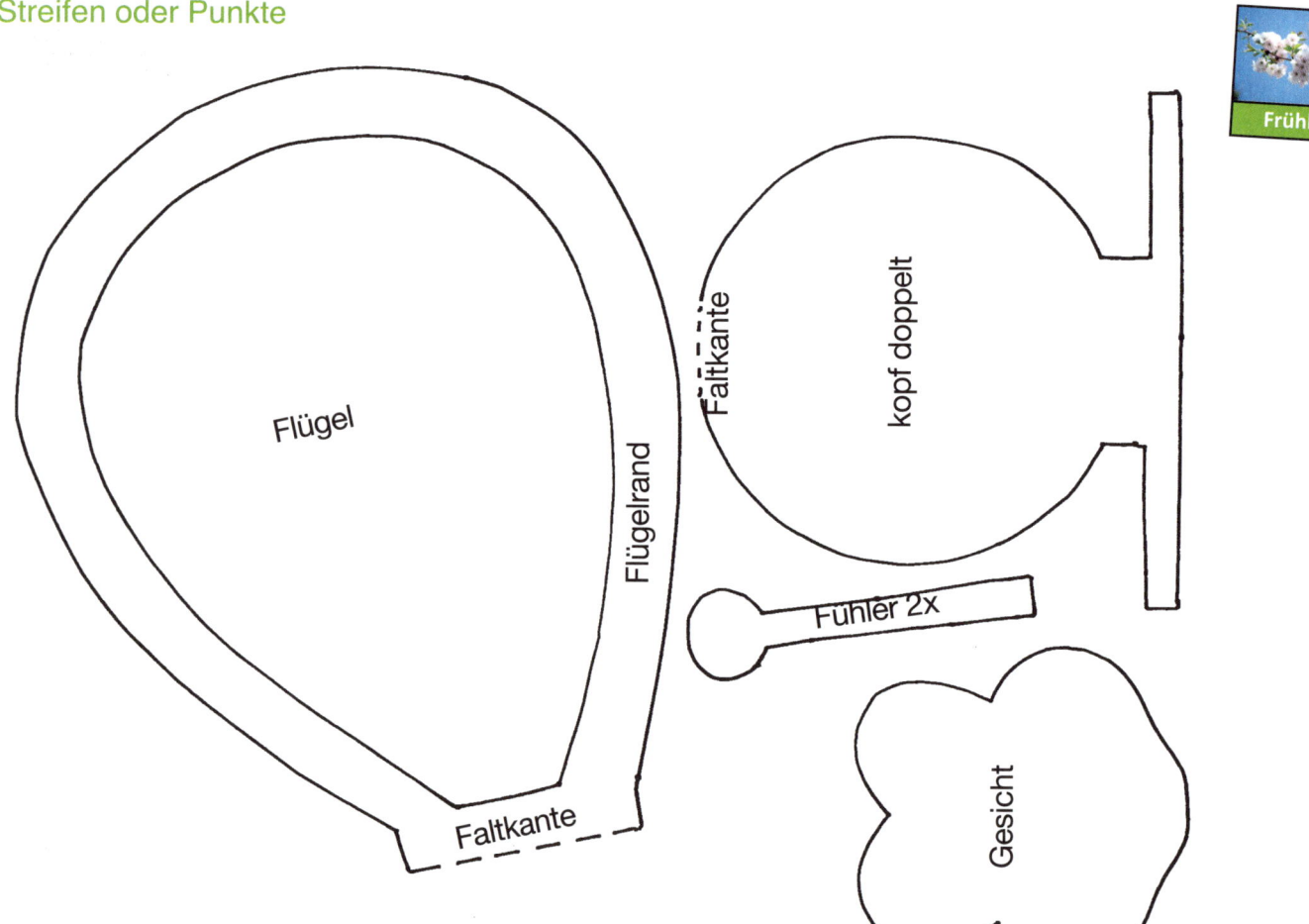

Körper 12x

Faltkante

Kopfhaar

Faltkante

Mund

Auge 2x

Kopf

Bein 12x

Frühling

Streifen oder Punkte

Frühling

Flügel

Flügelrand

Faltkante

kopf doppelt

Fühler 2x

Faltkante

Gesicht

88

KOHL VERLAG   Klassenraumschmuck für das ganze Jahr / Best.-Nr. 11 199   www.kohlverlag.de

Blume aus Tortenspitze

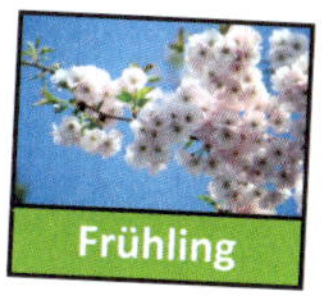

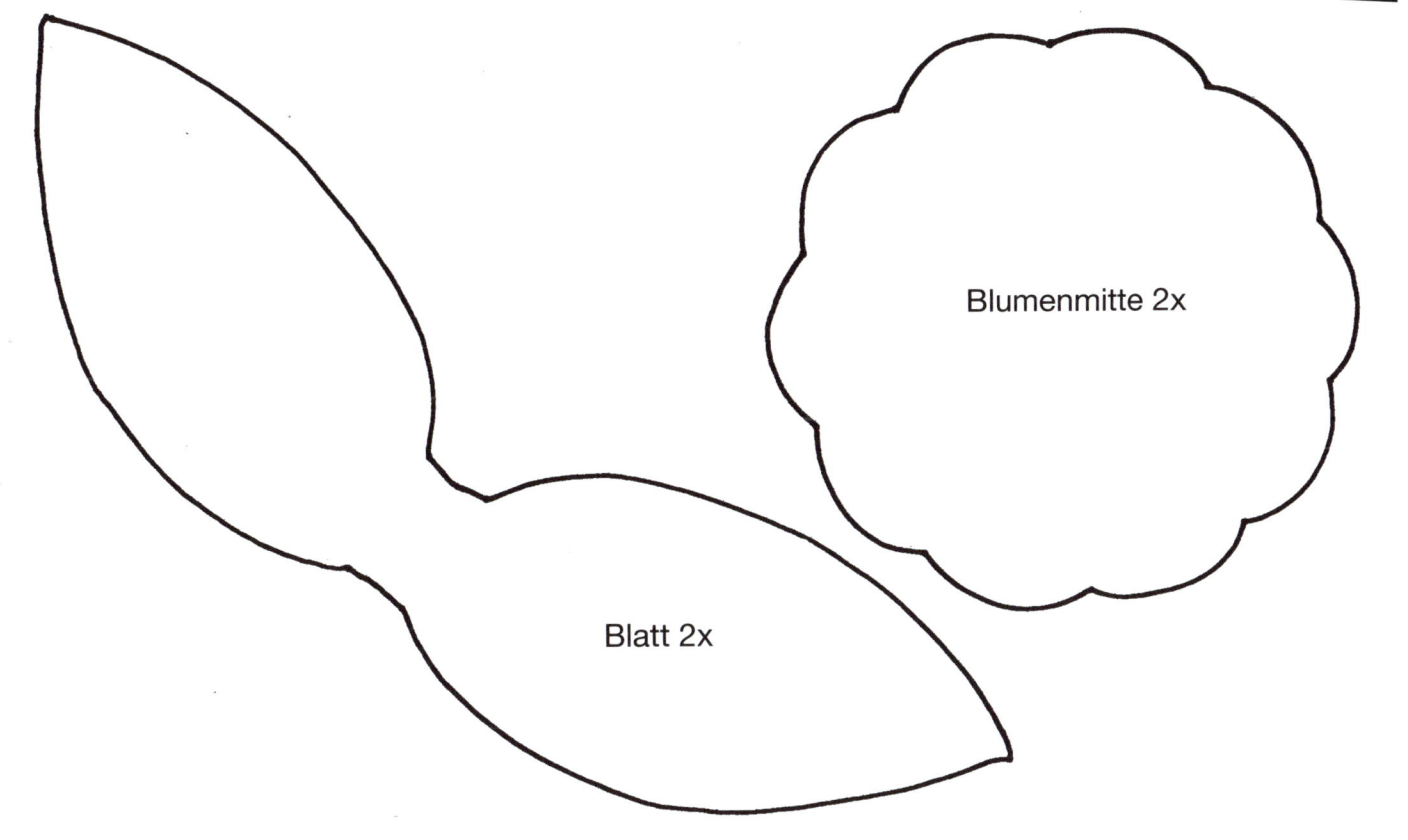

Blumenmitte 2x

Blatt 2x

Tulpe mit Zwiebel

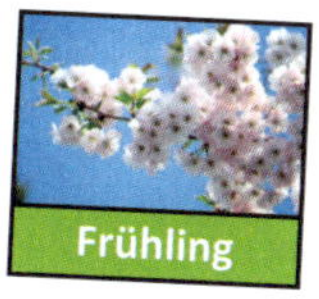

Blume innen 1x

Blume außen 2x

Zwiebel 2x

Blumenstiel

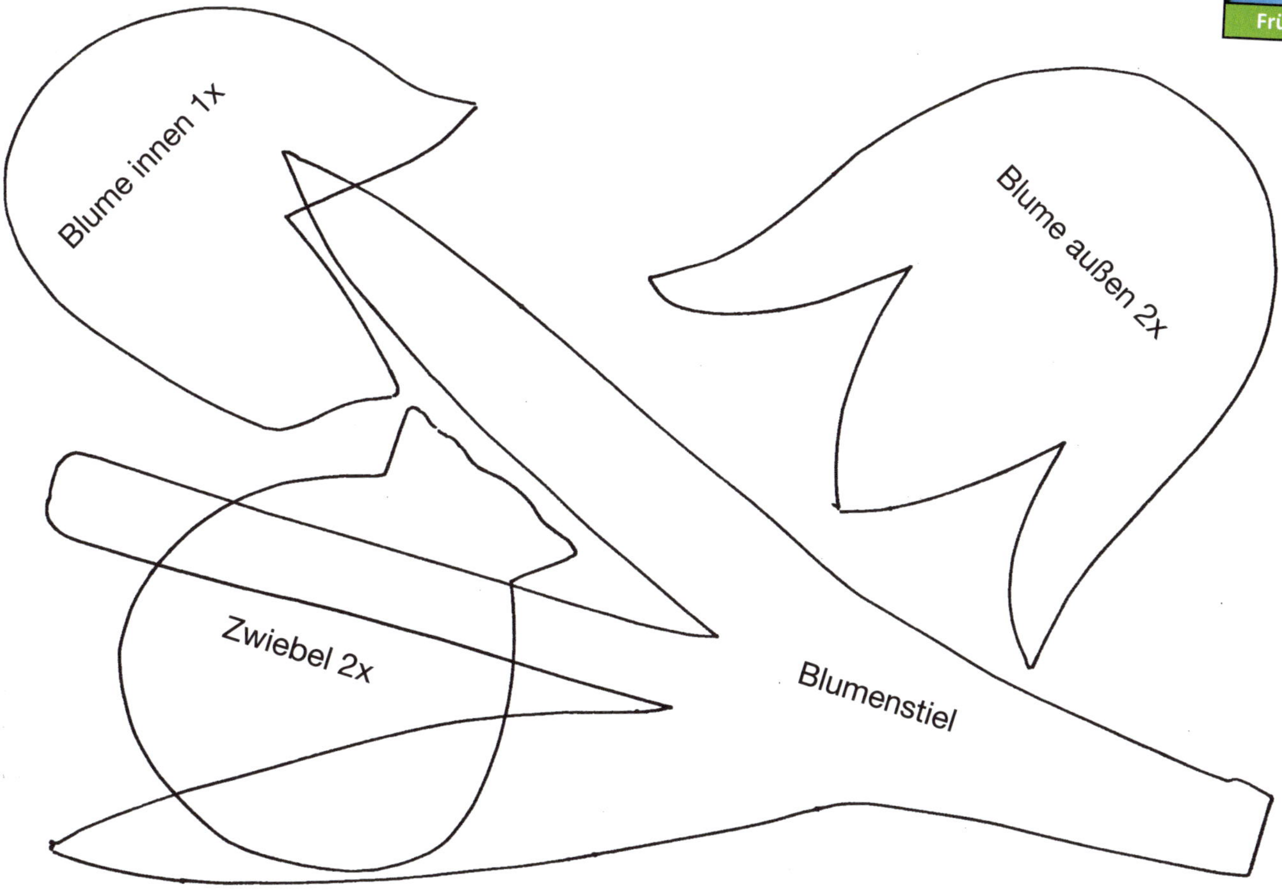

Klassenraumschmuck für das ganze Jahr / Best.-Nr. 11 199

KOHL VERLAG
www.kohlverlag.de

Frühlingswiese

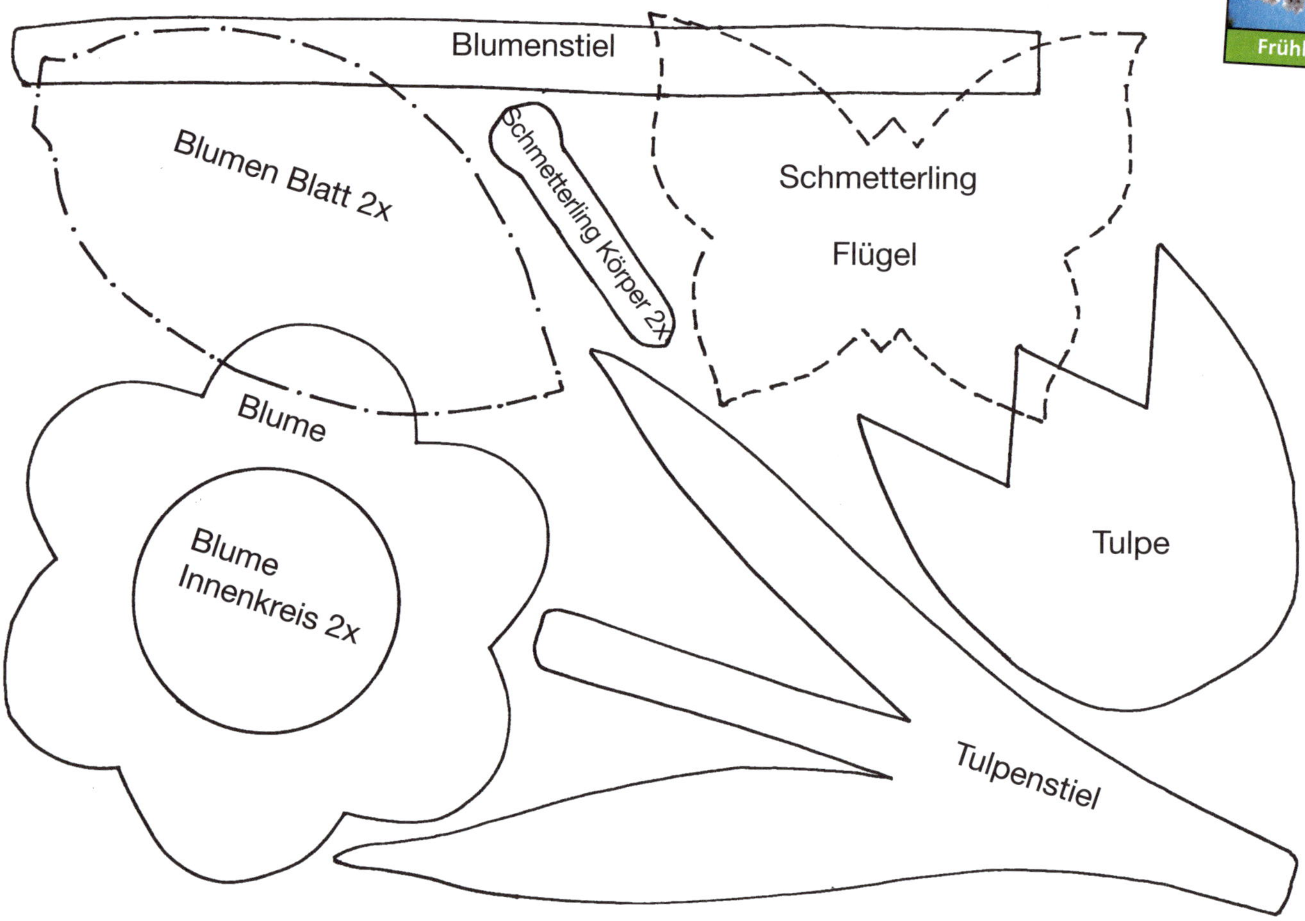

Blumenstiel

Blumen Blatt 2x

Schmetterling Körper 2x

Schmetterling

Flügel

Blume

Blume Innenkreis 2x

Tulpe

Tulpenstiel

Frühling

Bunter Schmetterling

Flügel

Faltlinie

Frühling

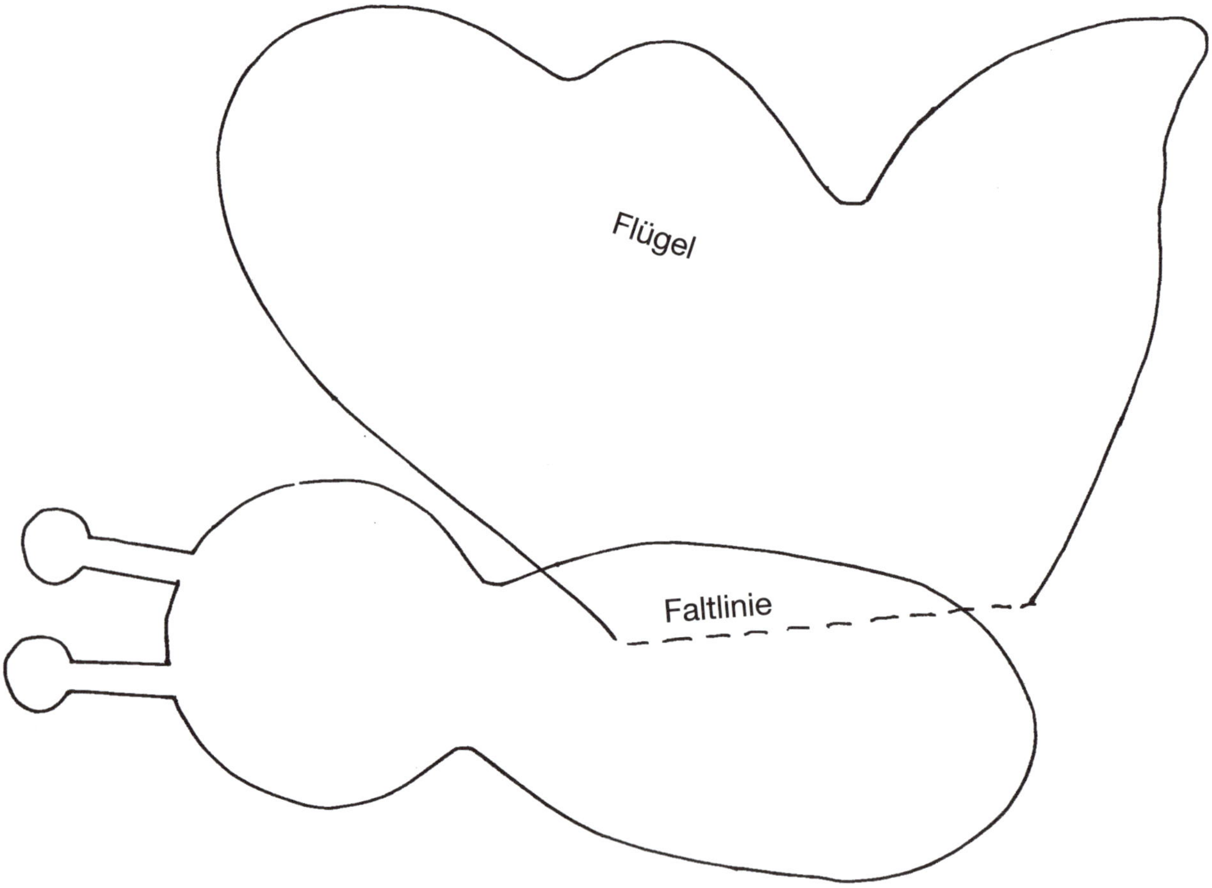

Klassenraumschmuck für das ganze Jahr / Best.-Nr. 11 199

KOHL VERLAG
Der Verlag mit dem Baum
www.kohlverlag.de

Schäfchen

Frühling

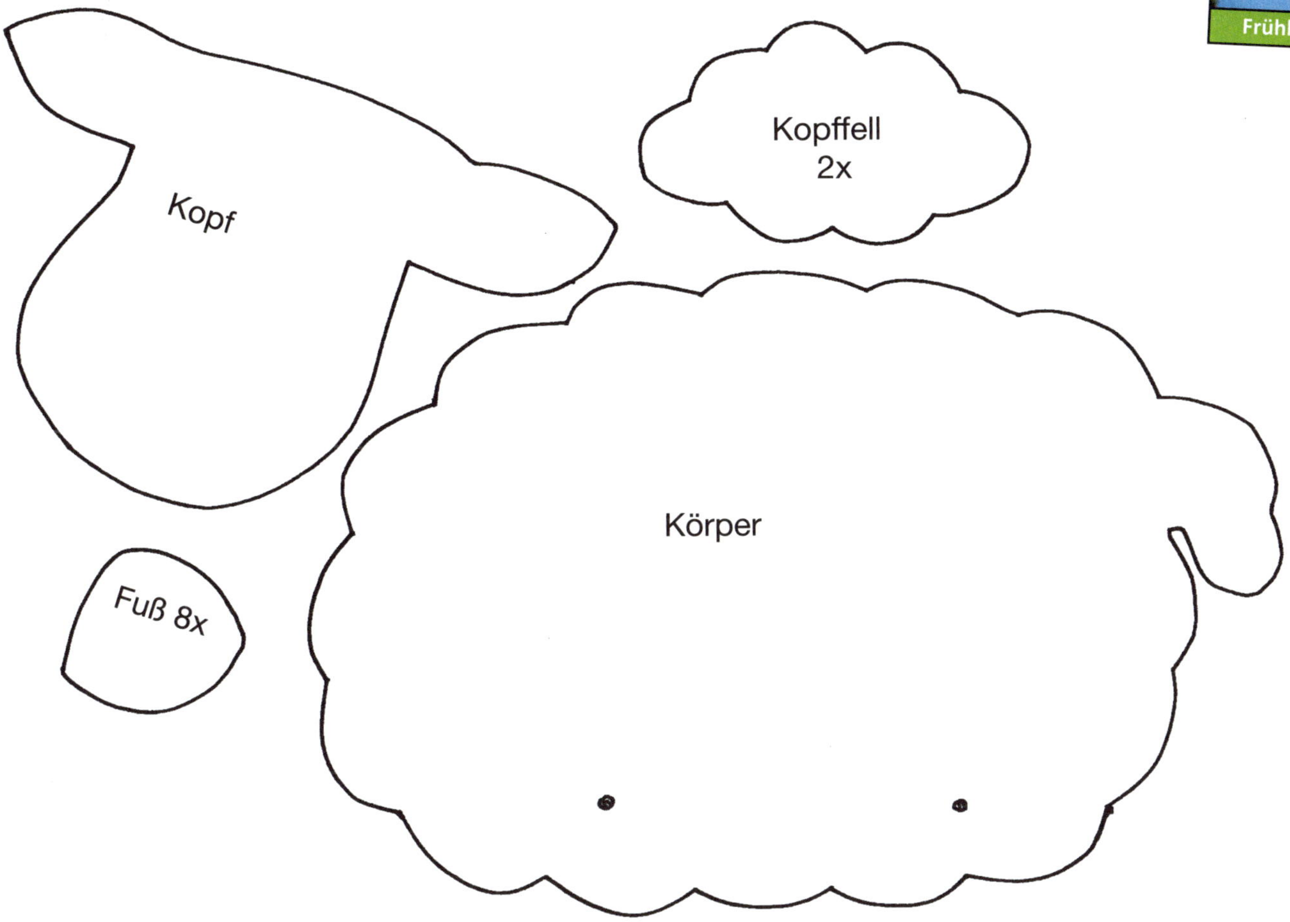

Kopffell
2x

Kopf

Körper

Fuß 8x

Blumenkinder

Frühling

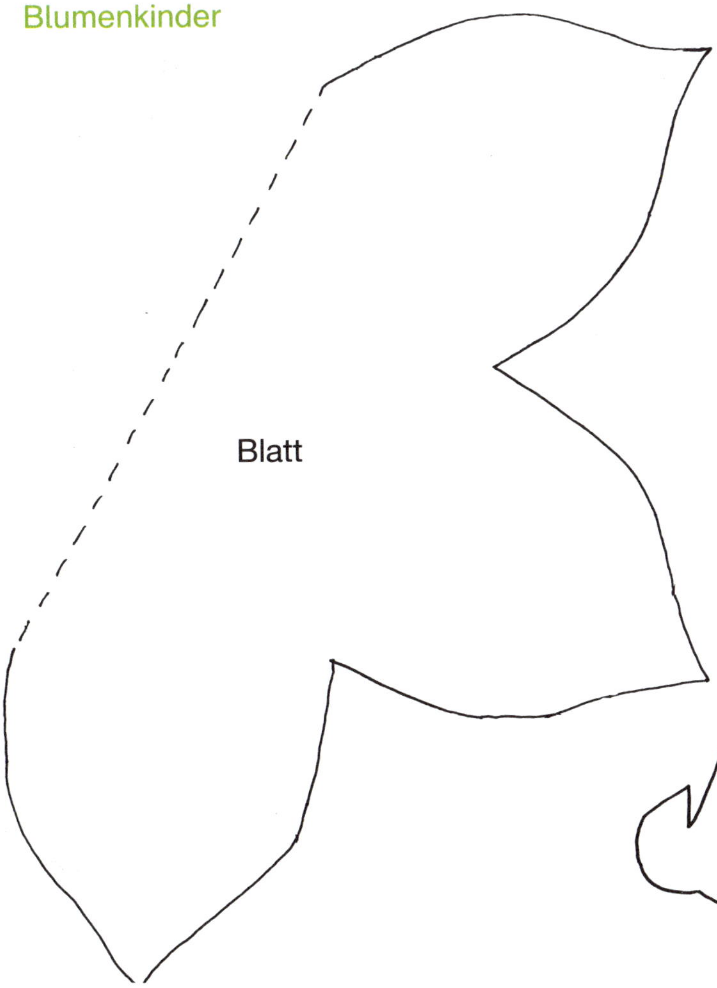

Blatt

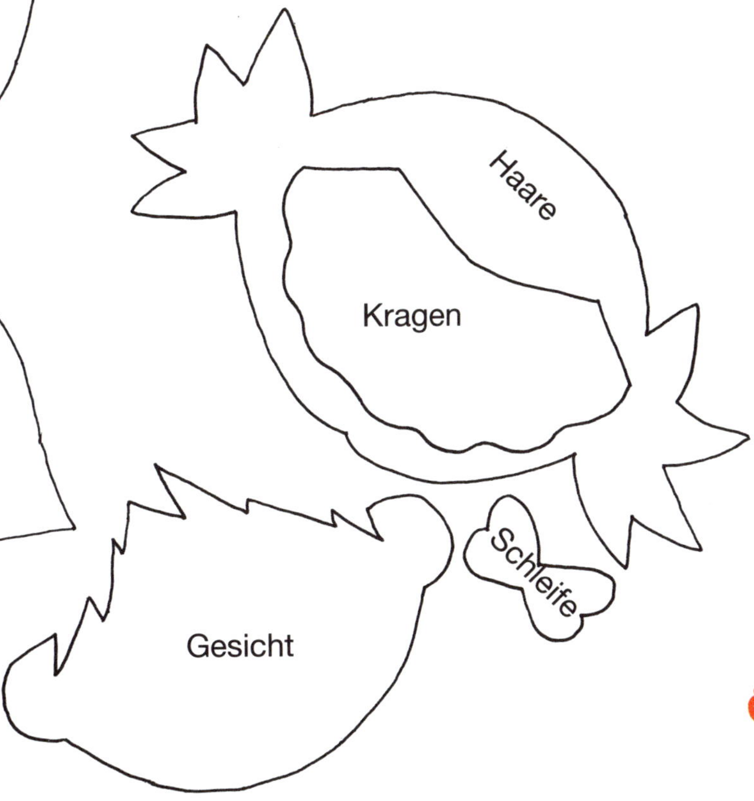

Haare

Kragen

Gesicht

Schleife

Klassenraumschmuck für das ganze Jahr / Best.-Nr. 11 199

KOHL VERLAG
www.kohlverlag.de

Hase mit Hut

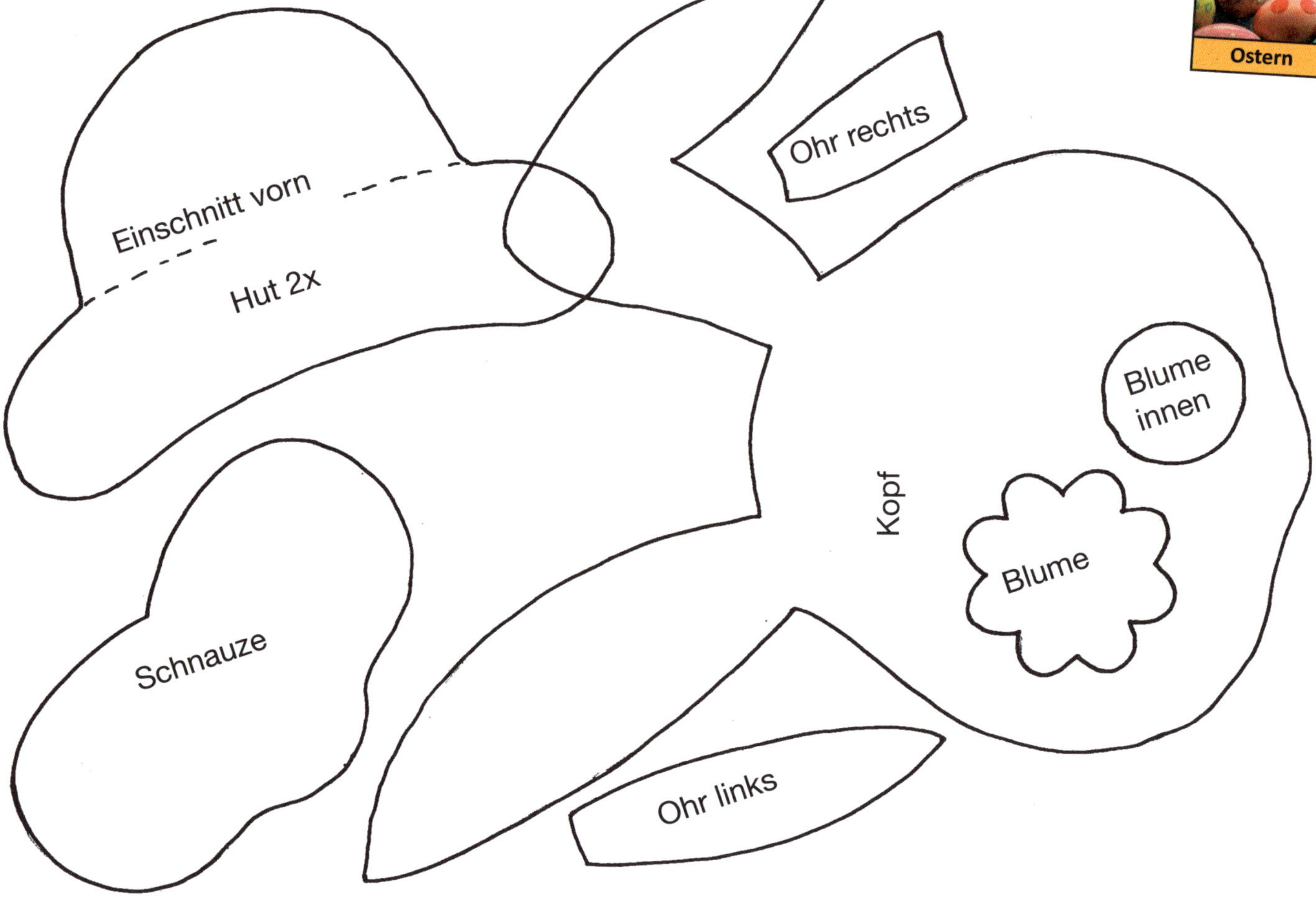

Einschnitt vorn

Hut 2x

Ohr rechts

Kopf

Blume innen

Blume

Schnauze

Ohr links

Bunter Eierkranz – Transparentpapier-Ei

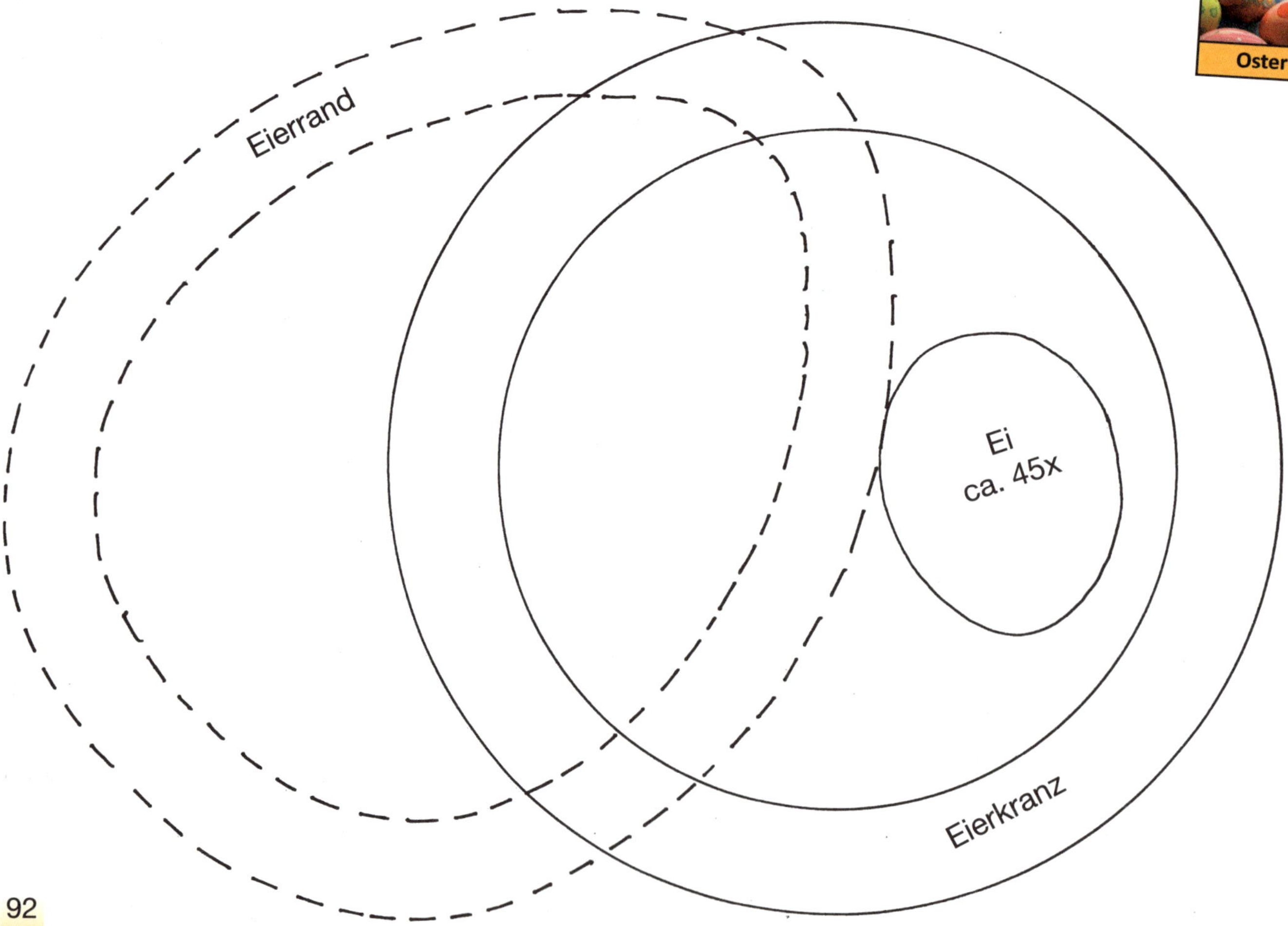

Eierrand

Ei
ca. 45x

Eierkranz

KOHL VERLAG
Der Verlag mit dem Baum
www.kohlverlag.de   Klassenraumschmuck für das ganze Jahr / Best.-Nr. 11 199

Blumentopfhase

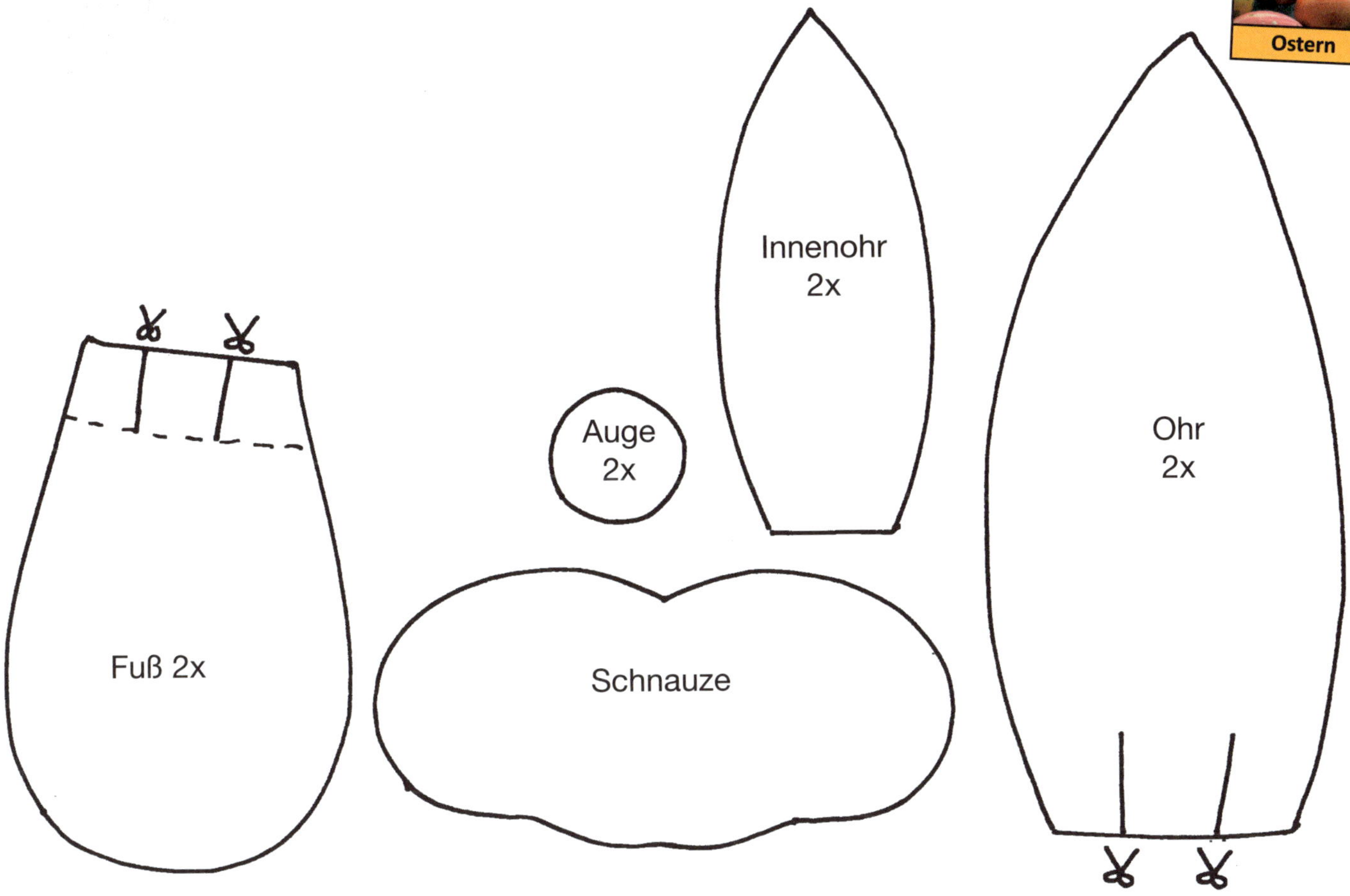

Innenohr
2x

Auge
2x

Ohr
2x

Fuß 2x

Schnauze

Huhn mit Schlenkerbeinen

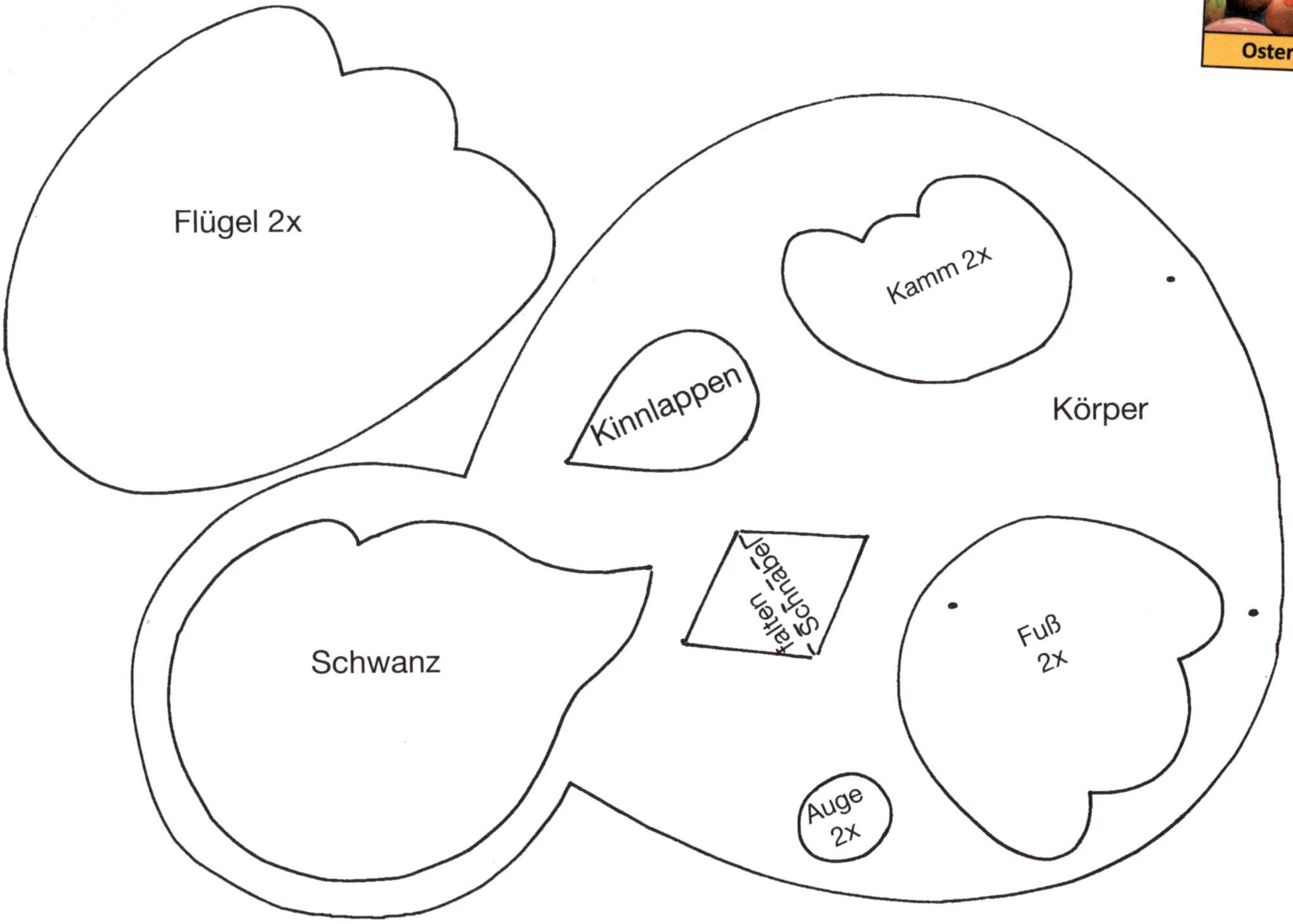

Flügel 2x

Kamm 2x

Kinnlappen

Körper

falten
Schnabel

Schwanz

Fuß
2x

Auge
2x

Klassenraumschmuck für das ganze Jahr / Best.-Nr. 11 199

KOHL VERLAG
Der Verlag mit dem Baum
www.kohlverlag.de

Papier oder Farbe

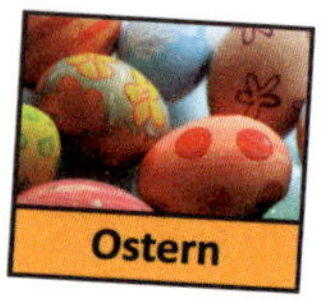
Ostern

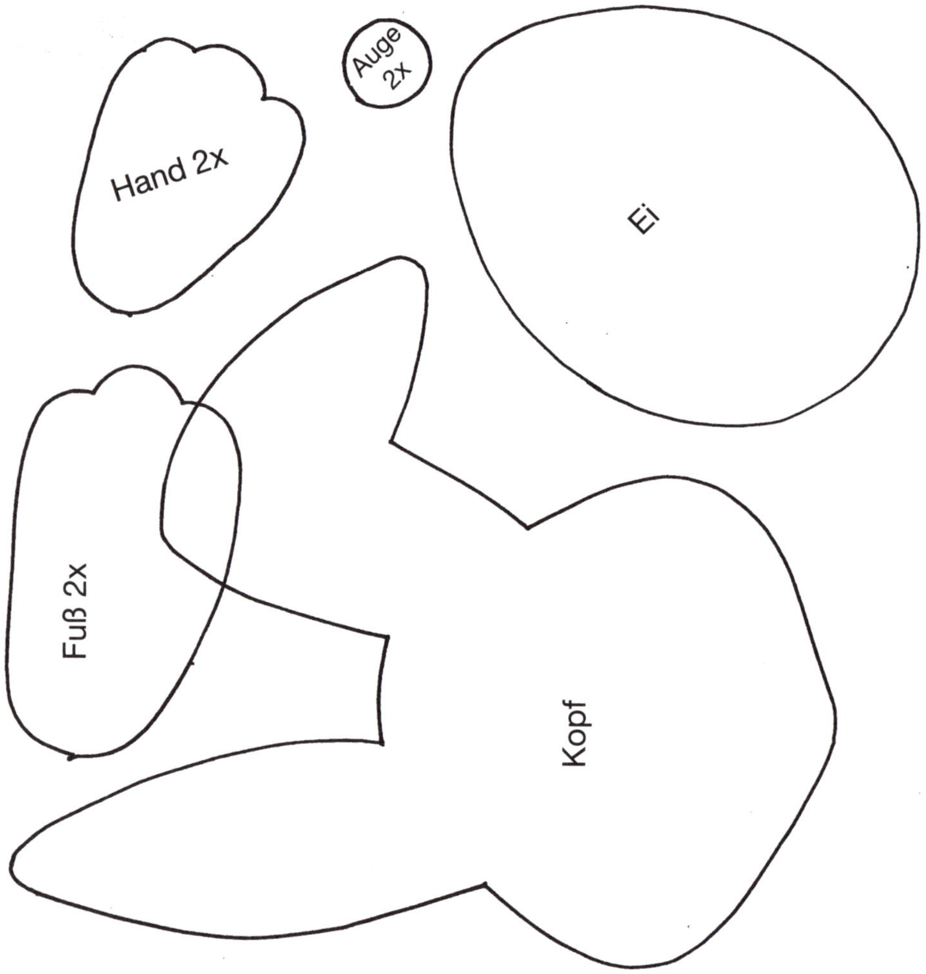
Auge 2x
Hand 2x
Ei
Fuß 2x
Kopf

Wir werden immer größer ... Hase

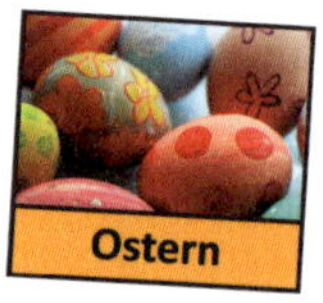
Ostern

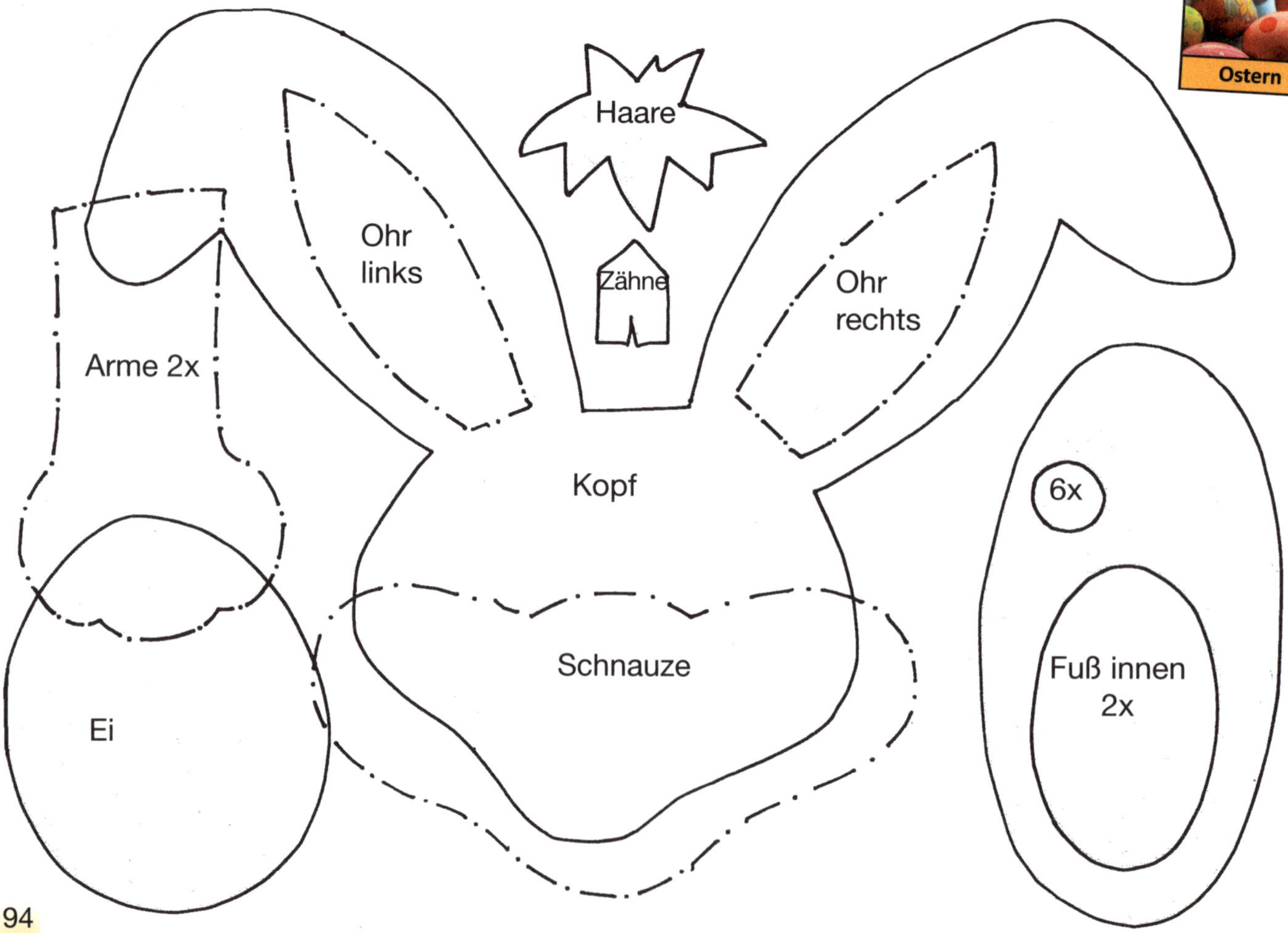
Haare
Ohr links
Zähne
Ohr rechts
Arme 2x
Kopf
Schnauze
Ei
6x
Fuß innen 2x

Klassenraumschmuck für das ganze Jahr / Best.-Nr. 11 199
KOHL VERLAG Der Verlag mit dem Baum
www.kohlverlag.de

Fisch mit bunten Schuppen

Sommer

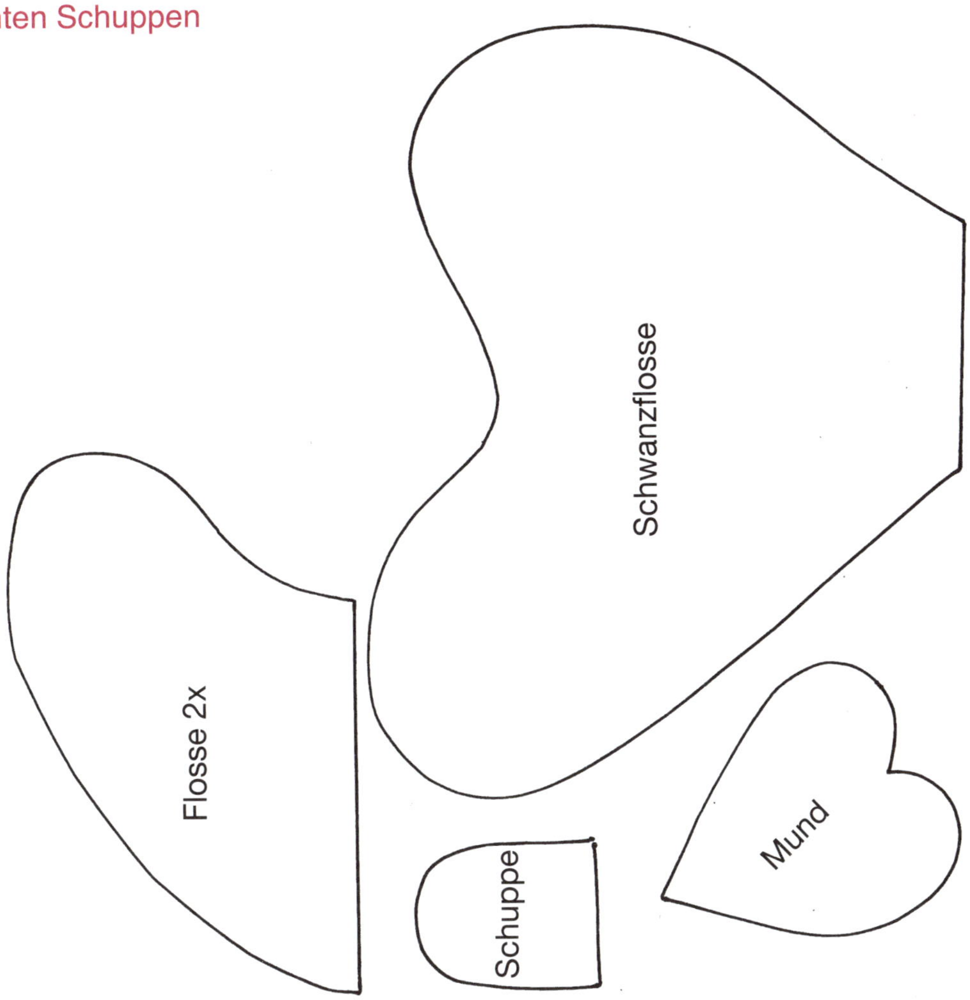

Schwanzflosse

Flosse 2x

Mund

Schuppe

Pappteller-Ente

Sommer

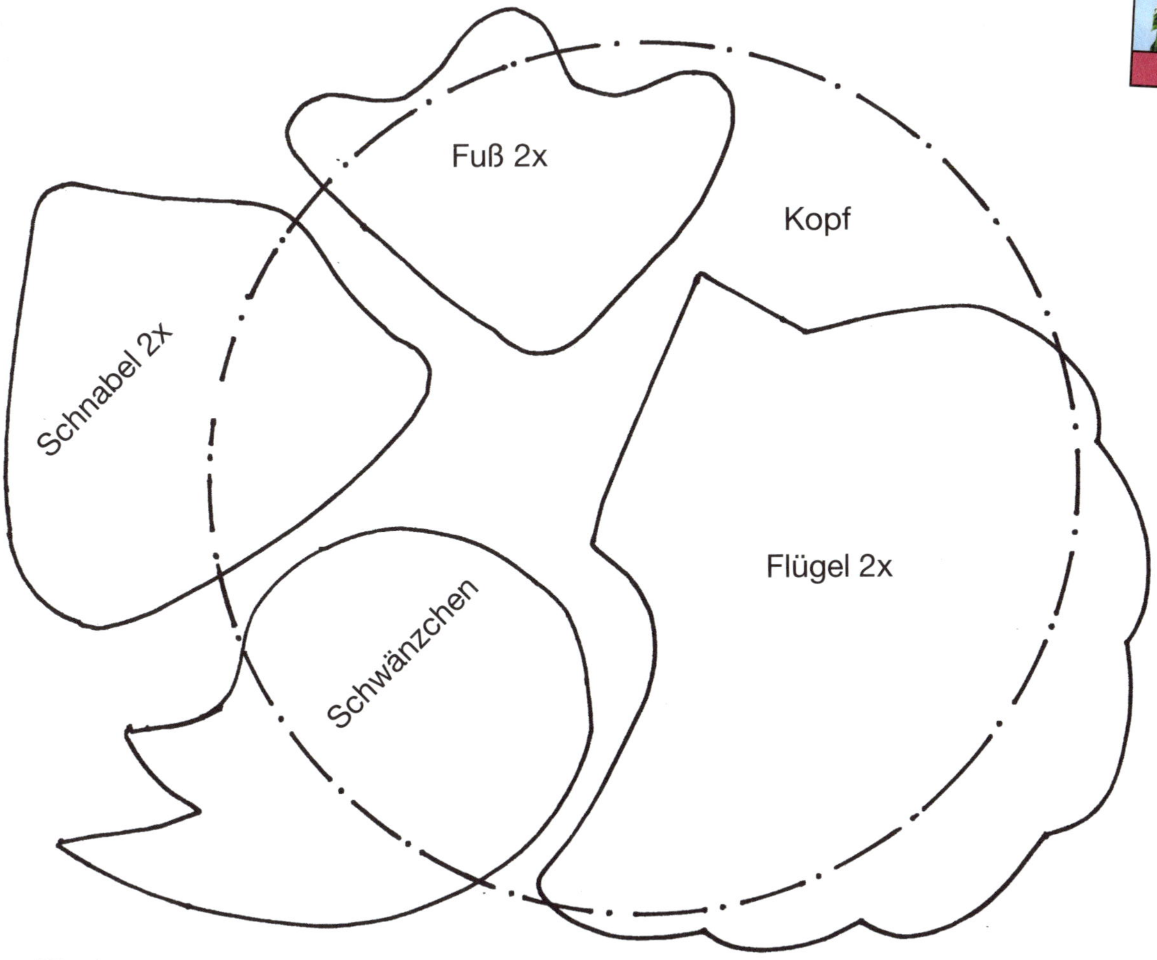

Fuß 2x

Kopf

Schnabel 2x

Flügel 2x

Schwänzchen

Klassenraumschmuck für das ganze Jahr / Best.-Nr. 11 199

KOHL VERLAG
Der Verlag mit dem Baum
www.kohlverlag.de

Pappteller-Frosch

Sommer

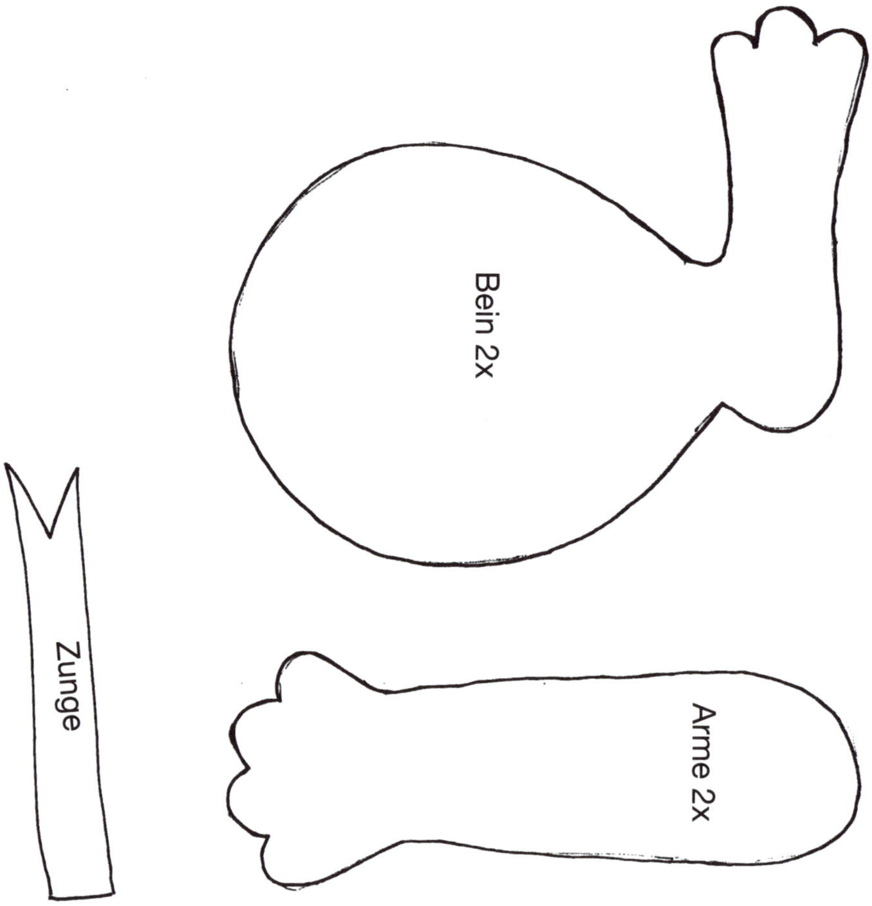

Bein 2x

Zunge

Arme 2x

Meerjungfrau

Sommer

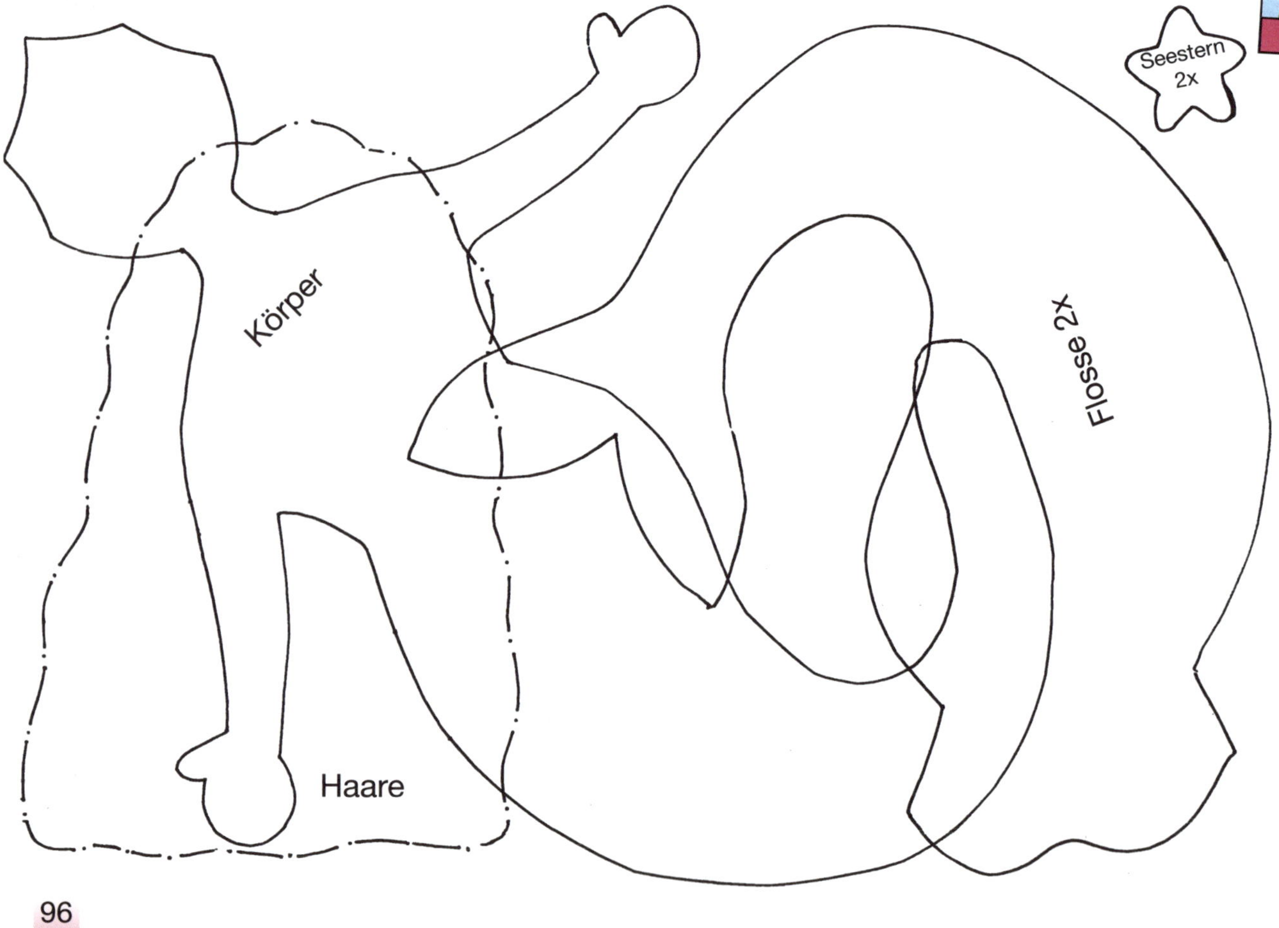

Seestern 2x

Körper

Flosse 2x

Haare

www.kohlverlag.de   Klassenraumschmuck für das ganze Jahr / Best.-Nr. 11 199

KOHL VERLAG
Der Verlag mit dem Baum

Wassermann

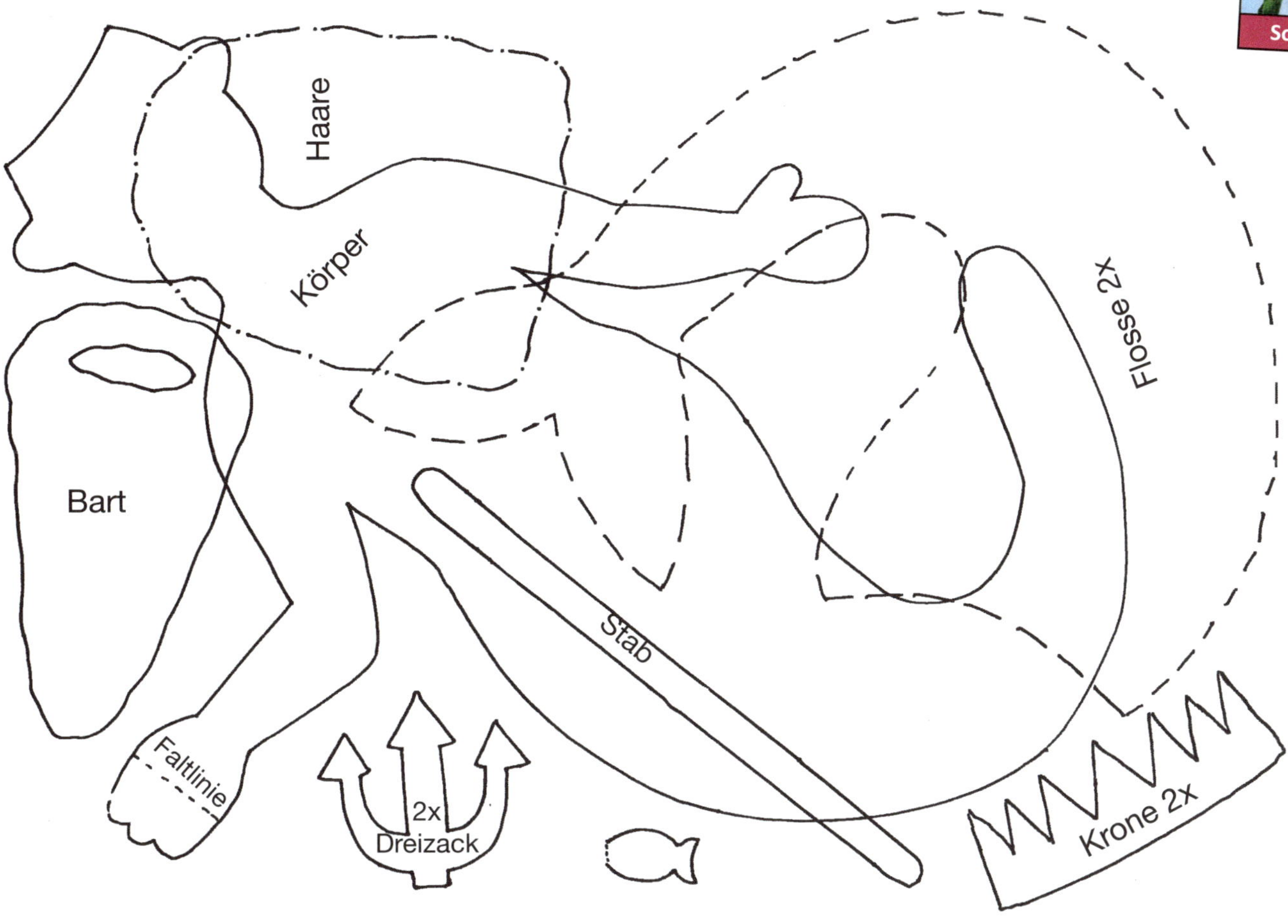

Haare

Körper

Bart

Faltlinie

2x
Dreizack

Stab

Flosse 2x

Krone 2x

Unterwasserwelt Teil 1

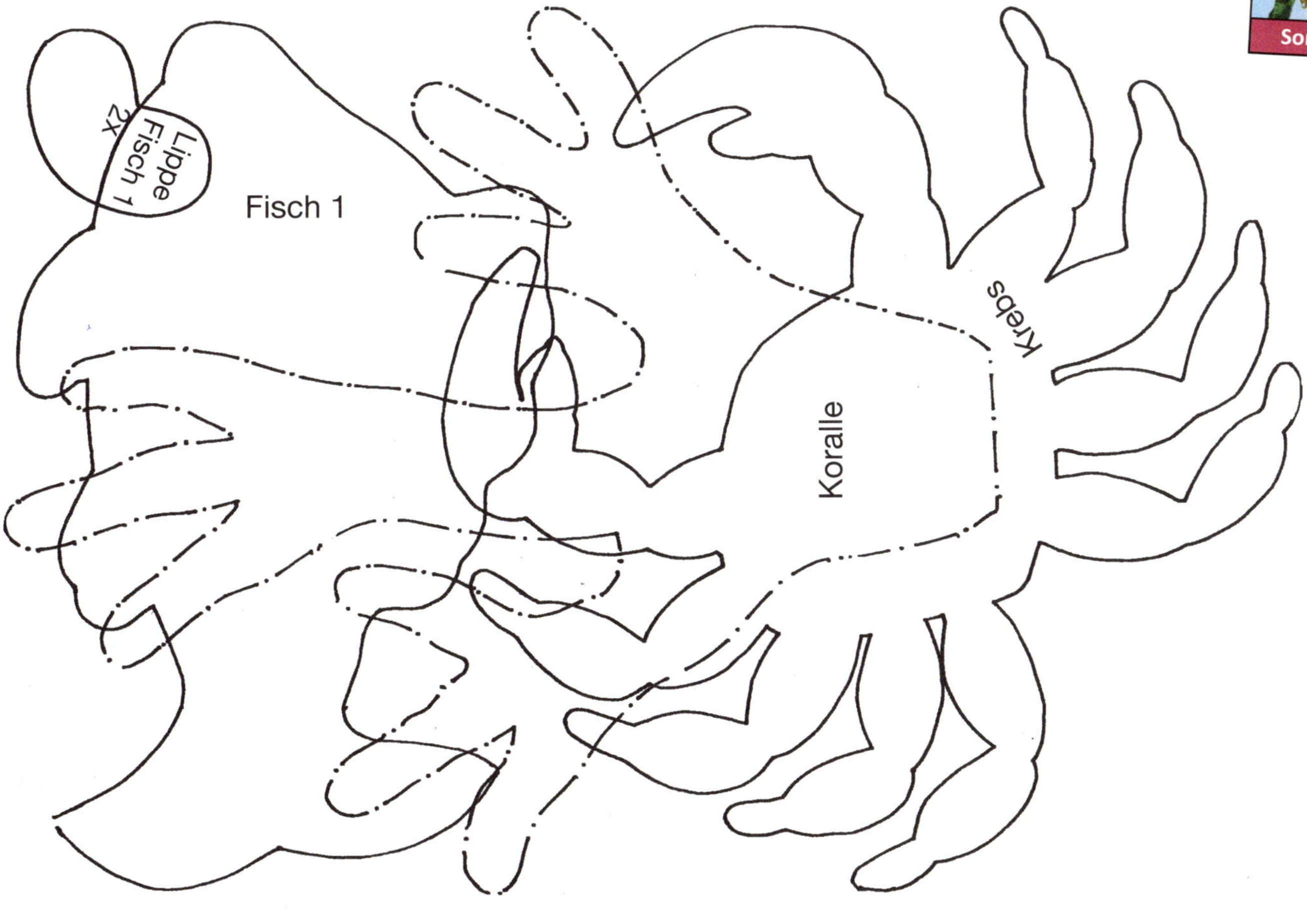

Lippe
Fisch 1
2x

Fisch 1

Krebs

Koralle

KOHL VERLAG
Der Verlag mit der Sonne
www.kohlverlag.de
Klassenraumschmuck für das ganze Jahr / Best.-Nr. 11 199

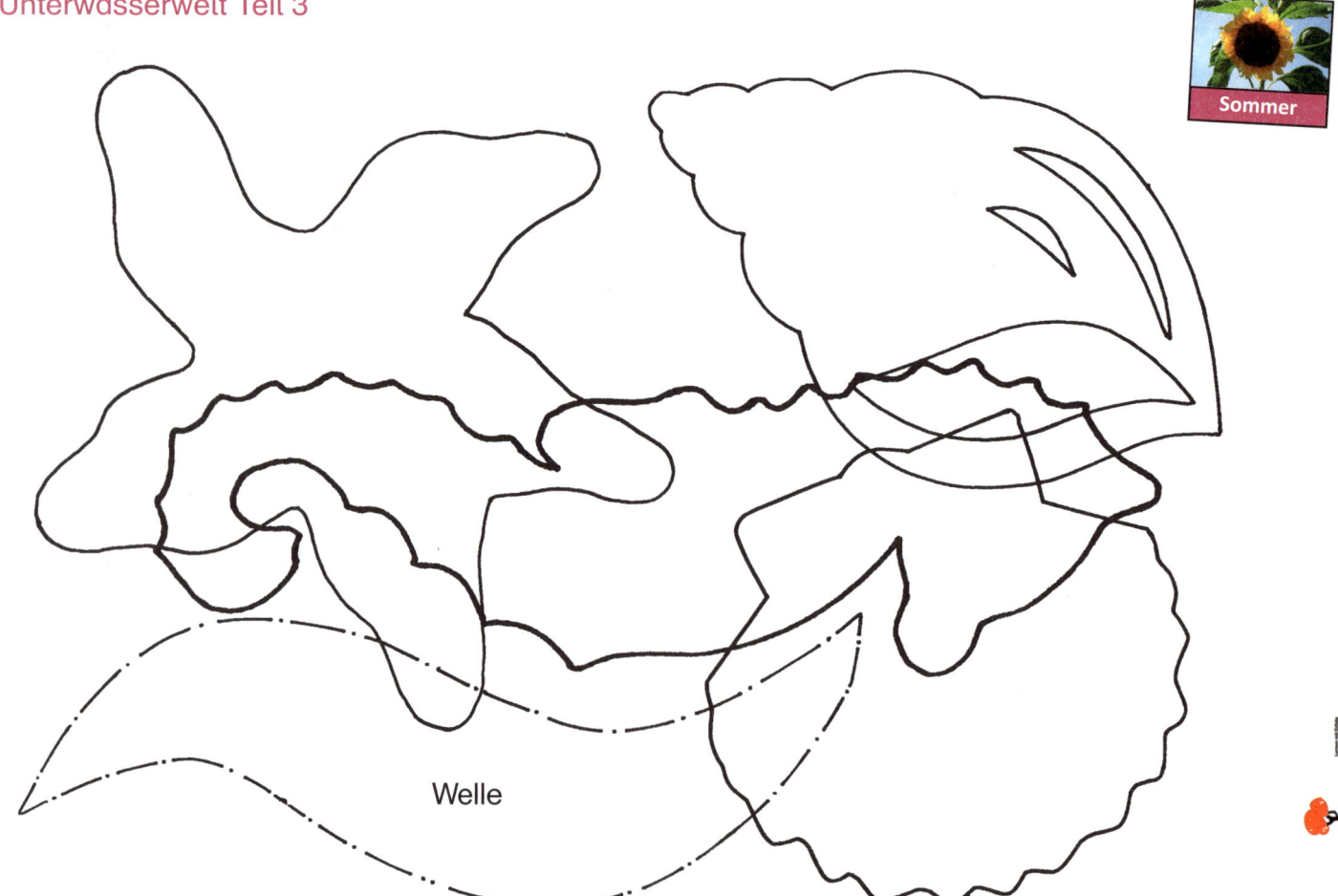

Fisch 2

Bauchteil 2x
Fisch 2

Fisch 3
2x

Flosse 2x
Fisch 3

Fisch 3
Bauchteil

Sommer

Unterwasserwelt Teil 3

Welle

Sommer

98

Sommer

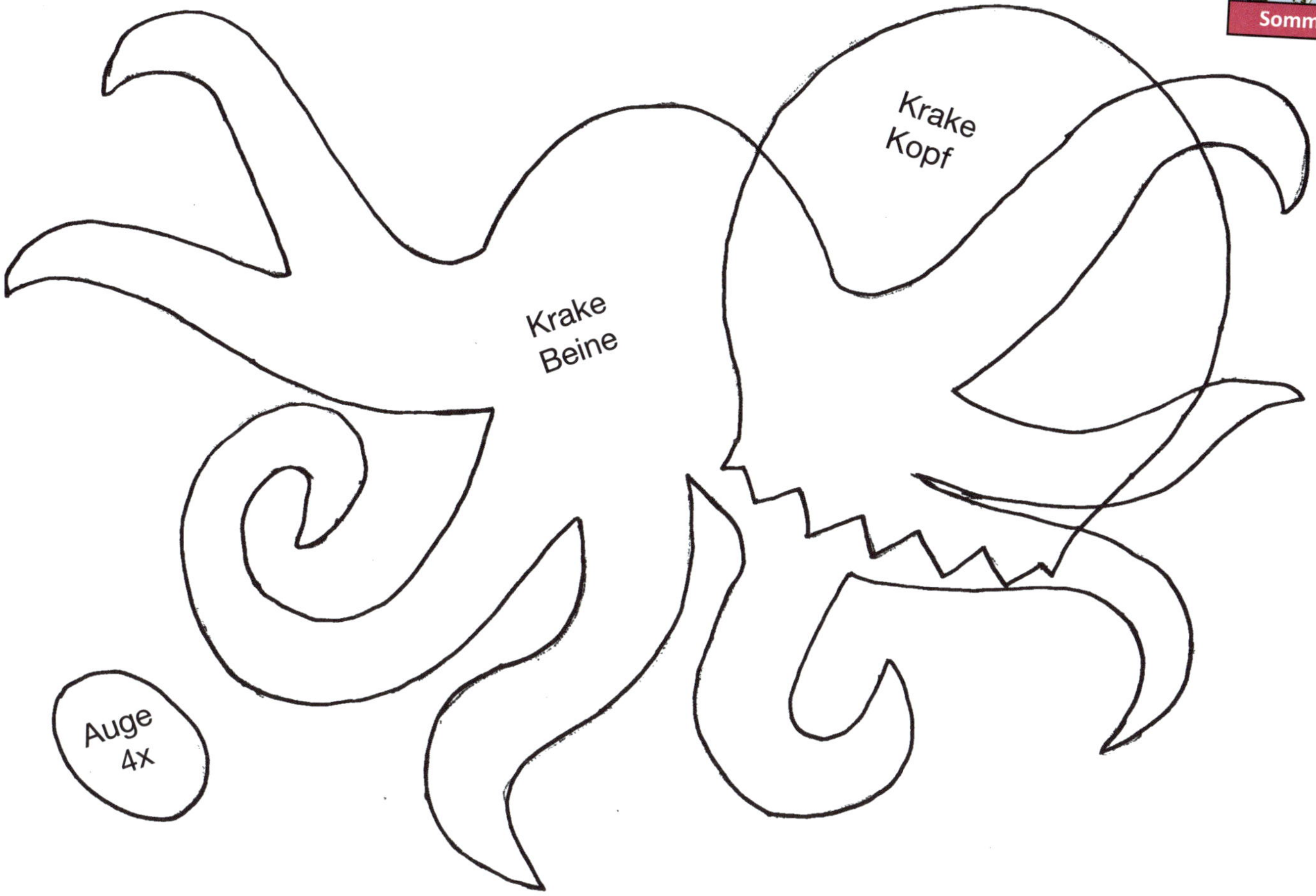

Krake
Kopf

Krake
Beine

Auge
4x

Segelboot

Sommer

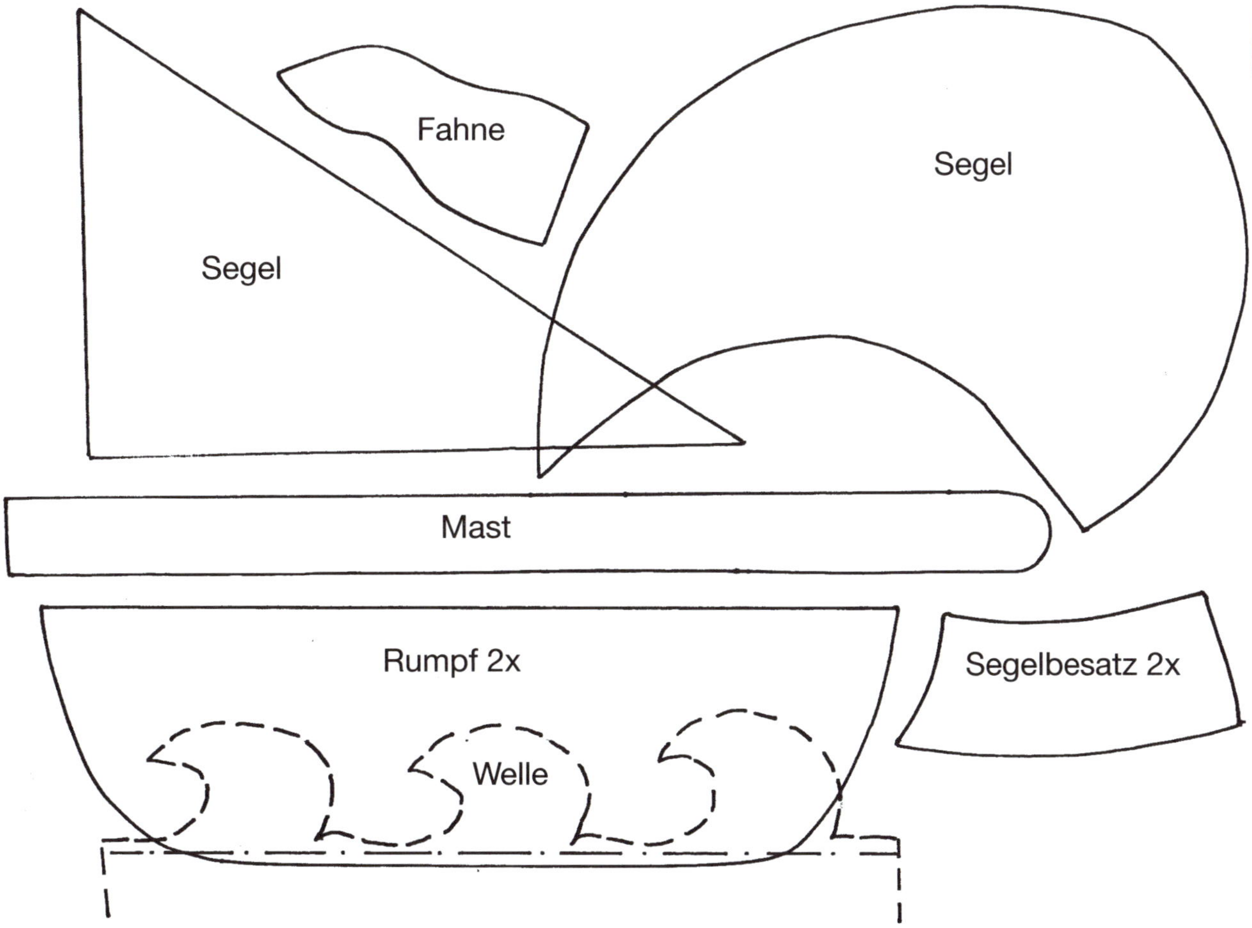

Fahne

Segel

Segel

Mast

Rumpf 2x

Segelbesatz 2x

Welle

Klassenraumschmuck für das ganze Jahr / Best.-Nr. 11 199

KOHL VERLAG
www.kohlverlag.de

Sommer

Blumenmitte
2x

Blütenblatt
9x

Blatt 1x

KOHL VERLAG

Klassenraumschmuck für das ganze Jahr / Best.-Nr. 11 100

Blättermännchen

Blumentopf-Eichhörnchen

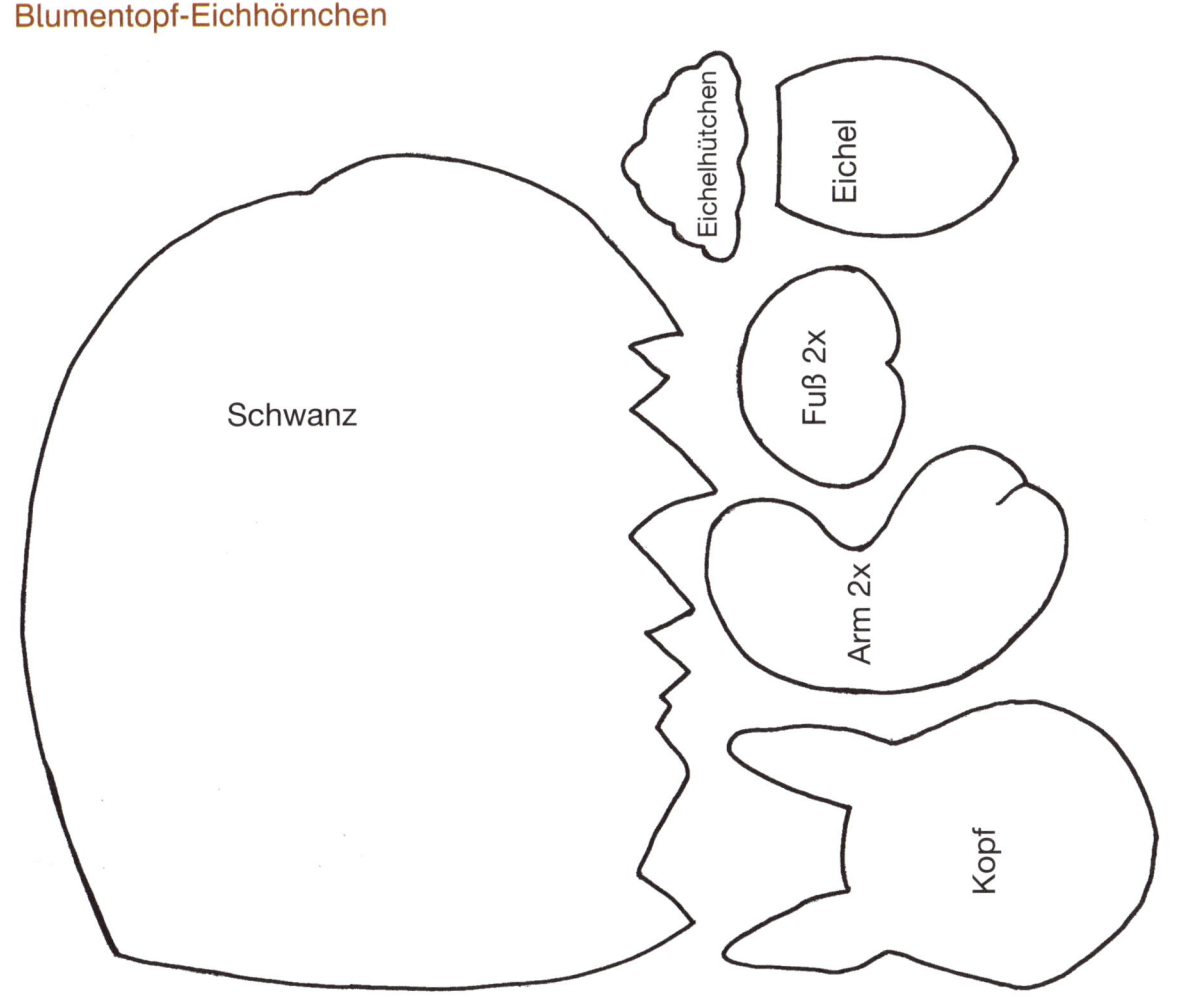

Schwanz

Eichelhütchen

Eichel

Fuß 2x

Arm 2x

Kopf

Klassenraumschmuck für das ganze Jahr / Best.-Nr. 11 199

KOHL VERLAG
Lernen mit Erfolg
Der Verlag mit dem Baum
www.kohlverlag.de

Vogelscheuche aus Ästen

Herbst

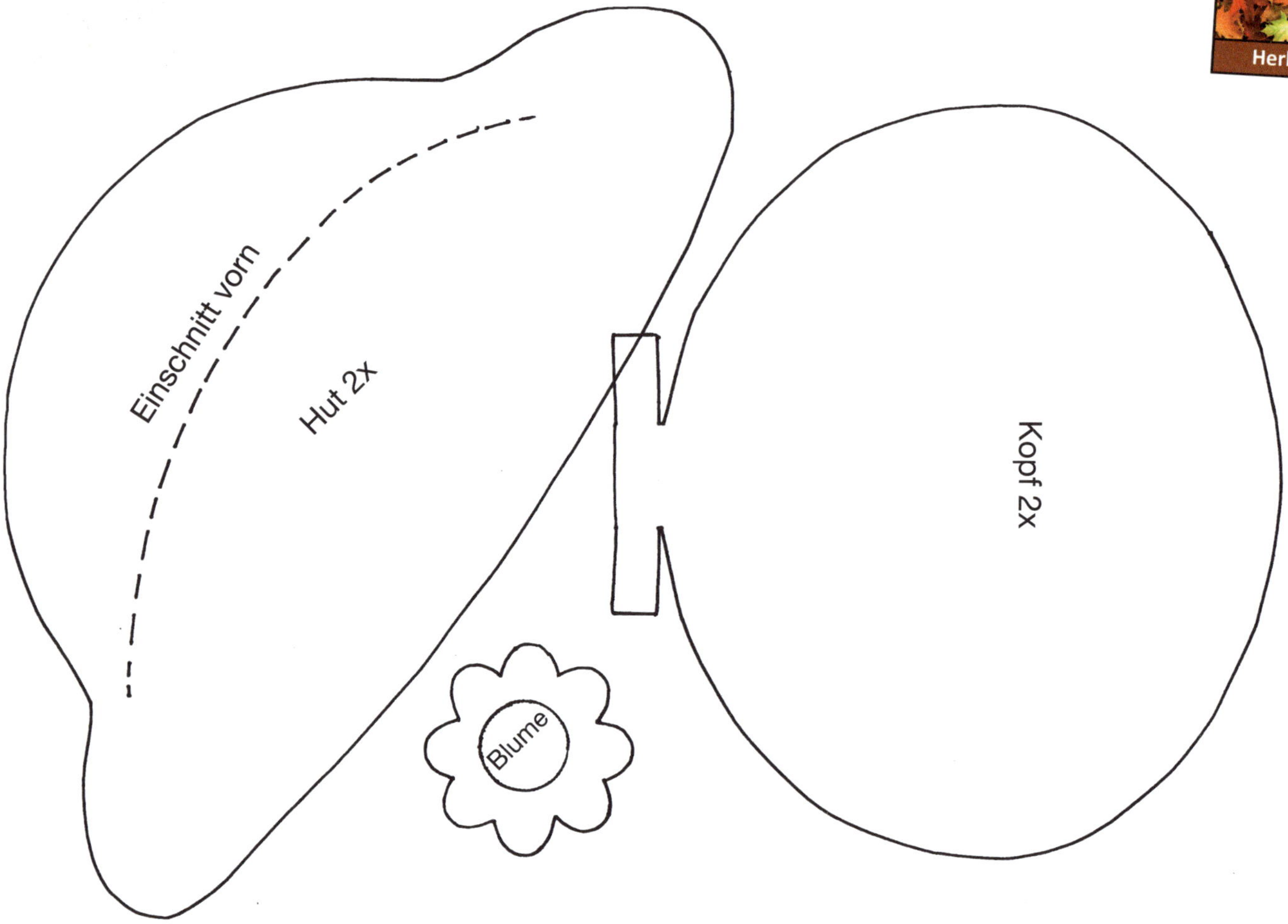

Einschnitt vorn

Hut 2x

Kopf 2x

Blume

Ahornnasen- und Blätterigel

Herbst

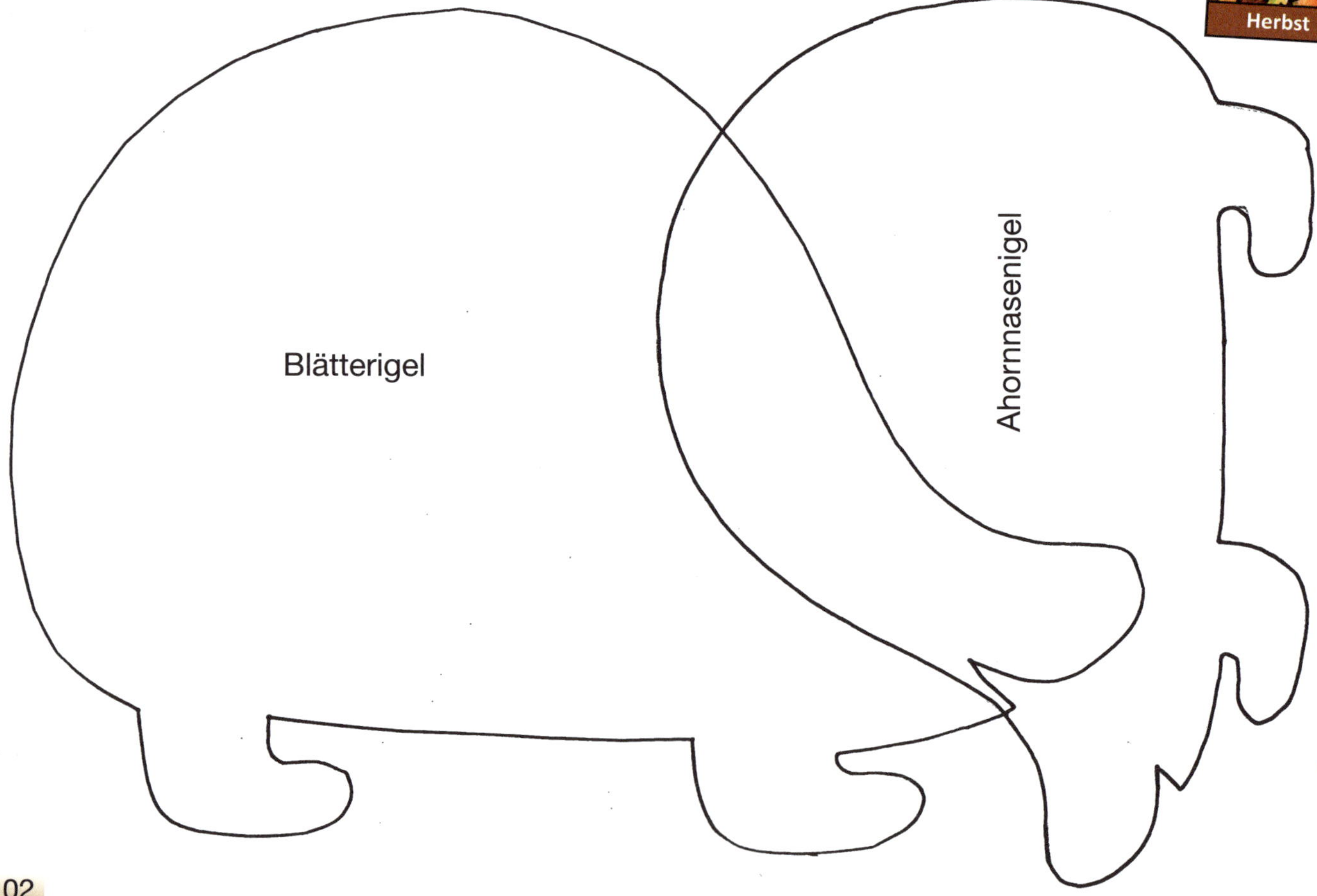

Blätterigel

Ahornnasenigel

KOHL VERLAG
Der Verlag mit dem Baum
www.kohlverlag.de   Klassenraumschmuck für das ganze Jahr / Best.-Nr. 11 199

Filtertütenrabe

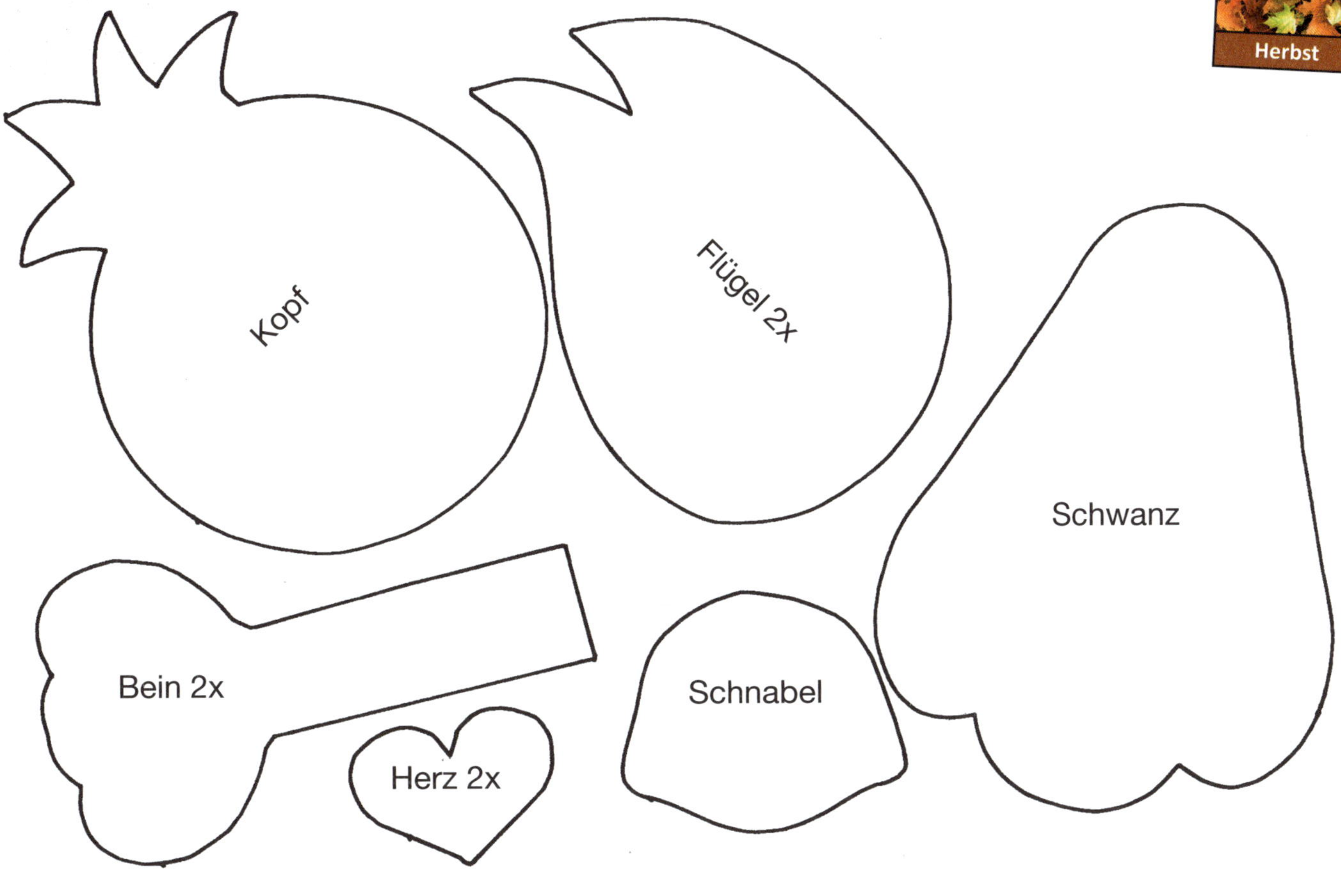

Kopf

Flügel 2x

Schwanz

Bein 2x

Herz 2x

Schnabel

Pappteller-Kürbis

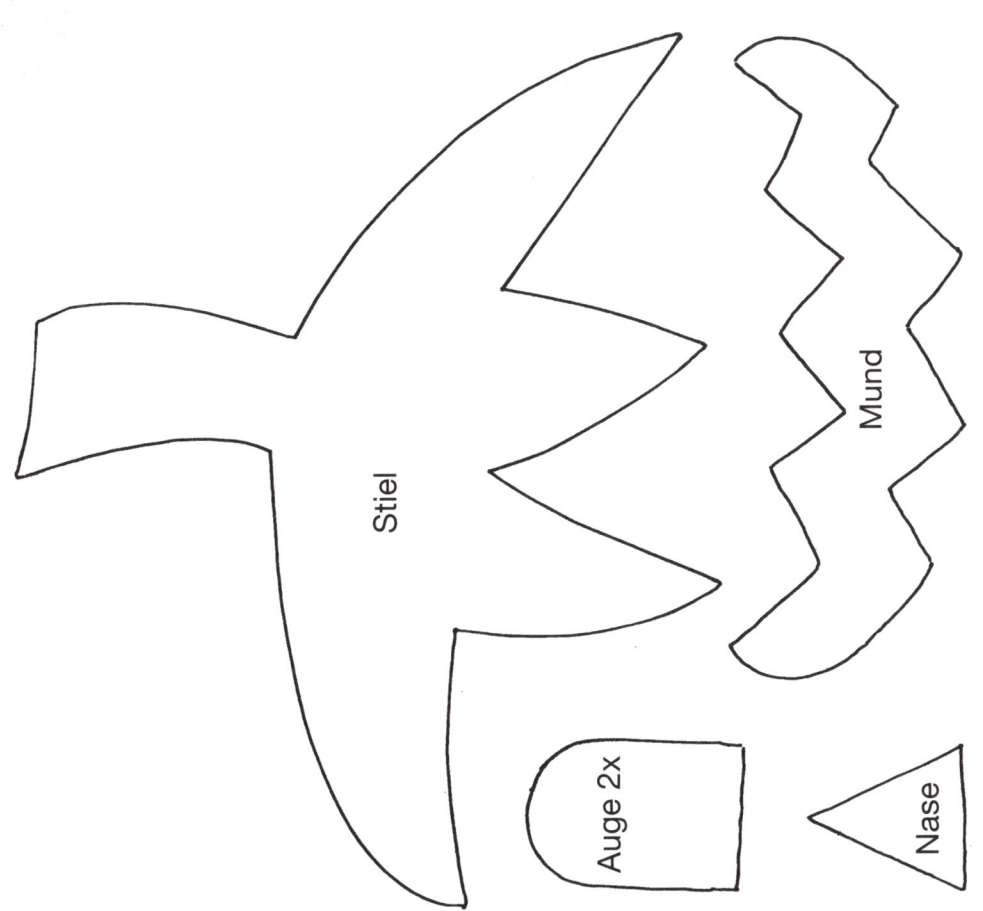

Stiel

Mund

Auge 2x

Nase

KOHL VERLAG Klassenraumschmuck für das ganze Jahr / Best.-Nr. 11 199
www.kohlverlag.de

Blatt mit Gesicht

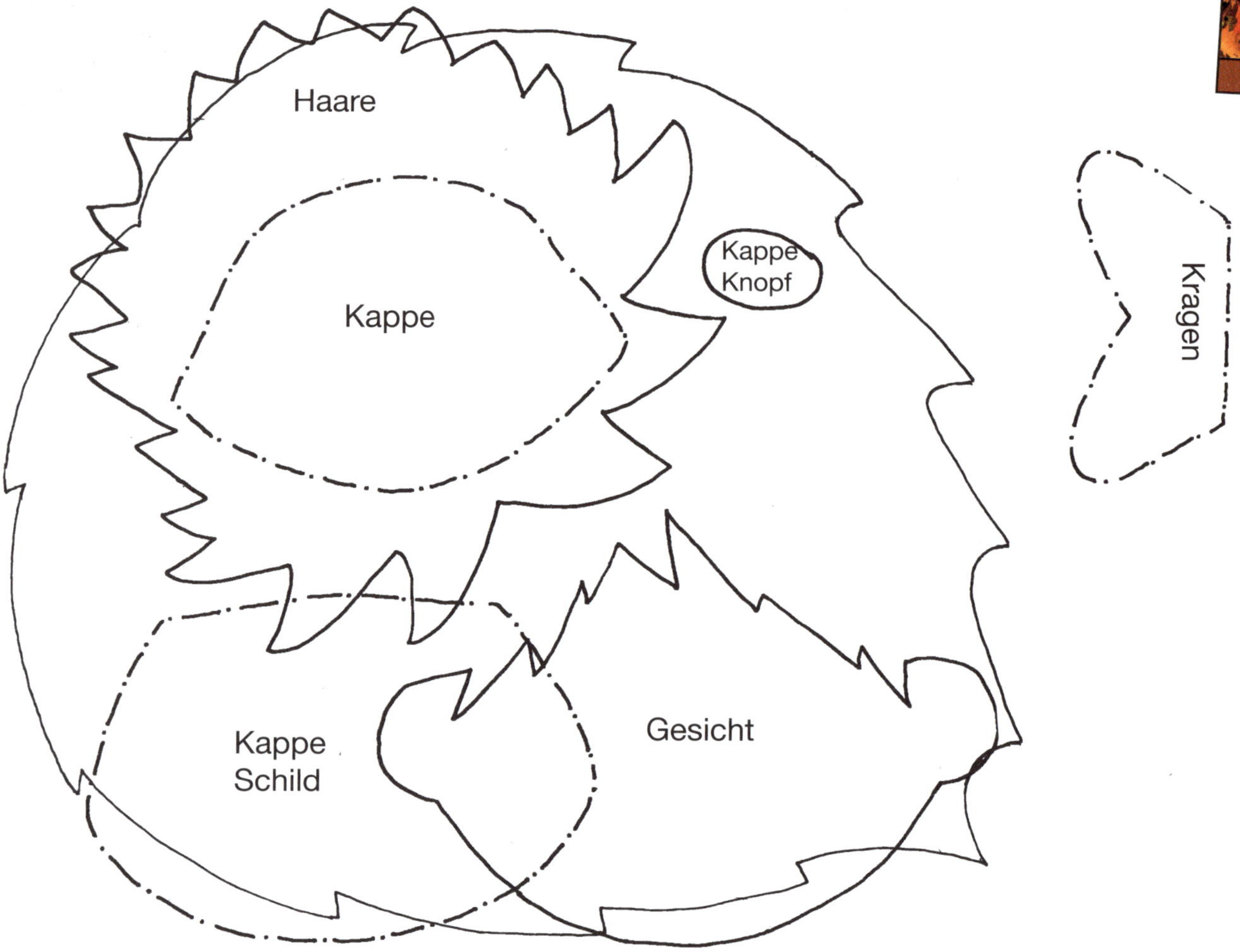

Herbst

Haare

Kappe

Kappe
Knopf

Kragen

Kappe
Schild

Gesicht

Gespensterburg

Herbst

Klassenraumschmuck für das ganze Jahr / Best.-Nr. 11 199
www.kohlverlag.de
KOHL VERLAG

Nikolaus mit Sack

Weihnachten

Bart klein

Gesicht

Schuh 2x

Bart groß

Mantelrand 2x

Sack

Hand 2x

Mützenrand 2x

Ausschnitt

Mustergröße verdoppeln

Körper

Ärmelrand 4x

Filtertüten-Nikolaus

Weihnachten

Nase

Kopf

Mütze 2x

Bommel 2x

Arm 2x

Stiefel 2x

Ärmelbesatz 2x

Mützenbesatz 2x

Klassenraumschmuck für das ganze Jahr / Best.-Nr. 11 199

KOHL VERLAG
Der Verlag mit dem Esel
www.kohlverlag.de

Tortenspitzen-Engel

Gesicht

Flügel

Faltlinie

Haare

Hände

Ärmel 2x

Weihnachten

Nikolaus im Holzstern

Weihnachten

Winkelmuster Holzstern

Nase 2x

Pommel 2x

Mütze 2x

Gesicht

Mützenand 2x

Klassenraumschmuck für das ganze Jahr / Best.-Nr. 11 199

KOHL VERLAG
www.kohlverlag.de

Das hat Hand und Fuß

Weihnachten

Auge 2x

Innenohr 2x

Schnauze

Ohr 2x

Flaschen-Nikolaus

Weihnachten

Mütze

Kopf

Nase

Arm 2x

Bart

Sack

Handschuh 2x

Ärmelbesatz 2x

Pommel

Klassenraumschmuck für das ganze Jahr / Best.-Nr. 11 199

KOHL VERLAG
Den Verlag mit dem Baum
www.kohlverlag.de

Weißer Engel

Weihnachten

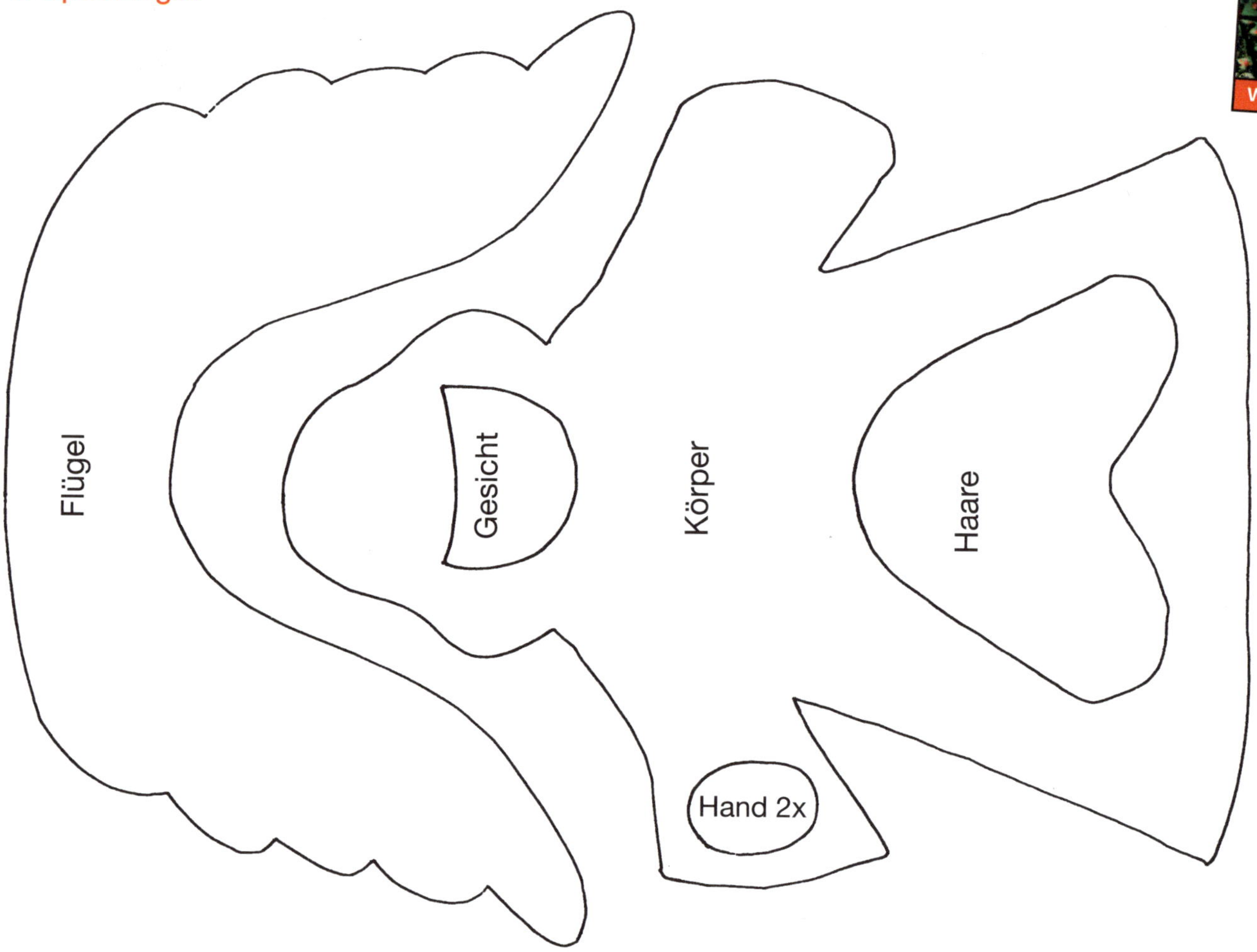

Flügel

Gesicht

Körper

Haare

Hand 2x

KOHL VERLAG
www.kohlverlag.de   Klassenraumschmuck für das ganze Jahr / Best.-Nr. 11 199

Sonstiges

KUMMERKASTEN

Klassenraumschmuck für das ganze Jahr / Best.-Nr. 11 199

KOHL VERLAG
www.kohlverlag.de

Klassendienste

Sonstiges

	**Fensterdienst**
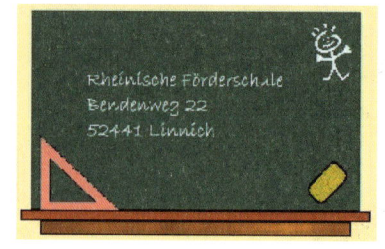	**Tafeldienst**
	**Lichtdienst**
	**Fegedienst**
	**Kakaodienst**
	**Blumendienst**

Klassenraumschmuck für das ganze Jahr / Best.-Nr. 11 199

www.kohlverlag.de

KOHL VERLAG

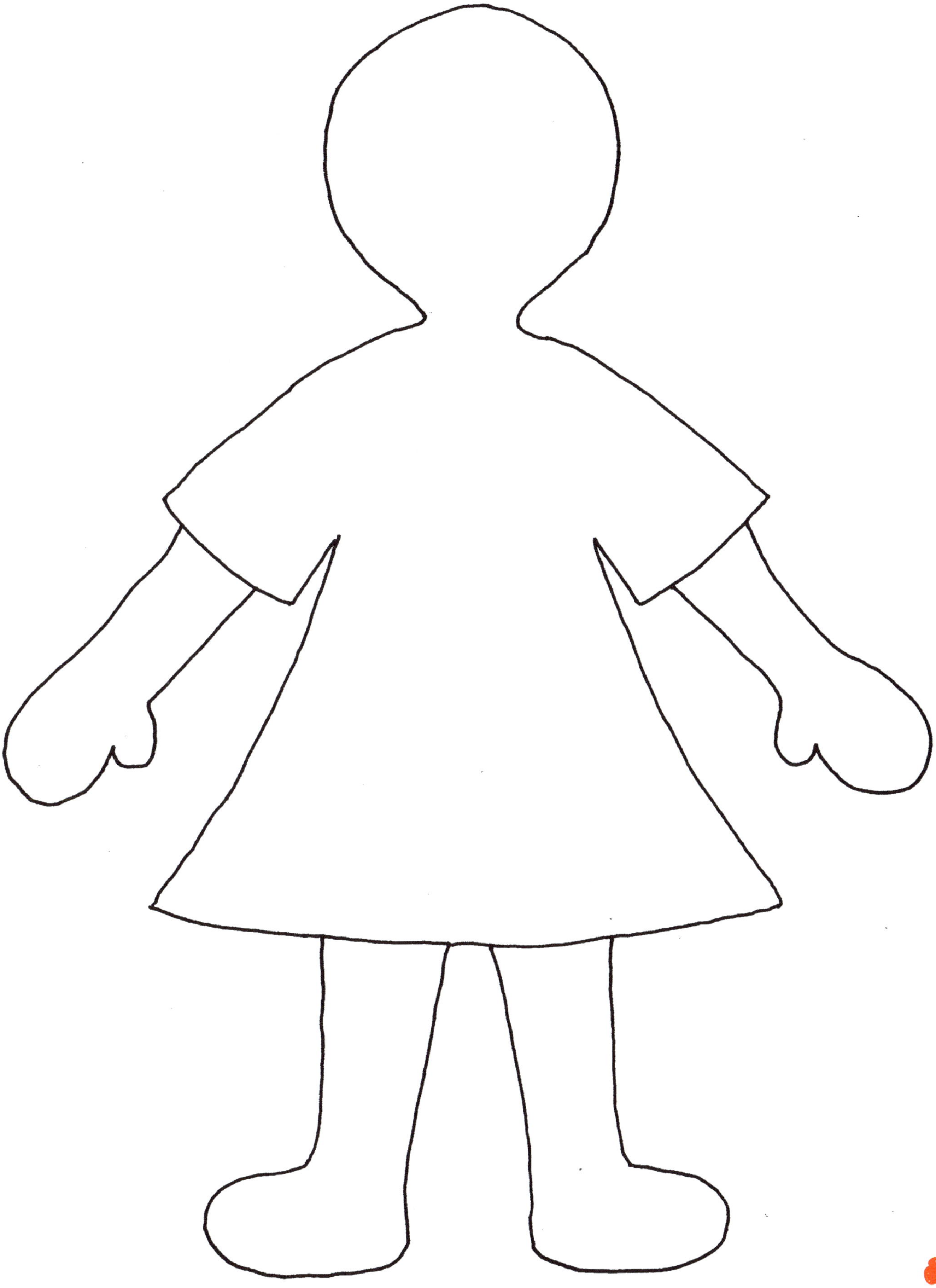

Klassenraumschmuck für das ganze Jahr / Best.-Nr. 11 199
www.kohlverlag.de
KOHL VERLAG

Sonstiges

Klassenraumschmuck für das ganze Jahr / Best.-Nr. 11 199

KOHL VERLAG
Der Verlag mit dem Baum
www.kohlverlag.de